ALTE PUPPEN – NEU GEMACHT

ANITA HOLMES

ALTE PUPPEN – NEU GEMACHT

EIN WERKBUCH FÜR LIEBHABER

Franckh'sche Verlagshandlung
Stuttgart

Aus dem Englischen übertragen von
Barbara Blezinger
Titel der Originalausgabe: „Making Dolls for Pleasure and Profit", erschienen bei John Gifford Ltd., London, unter ISBN 0 7071 0597 8

Mit 30 Farbfotos von James Holmes, 87 Zeichnungen von Melvyn Gill Design Associates, 1 modifizierte Zeichnung von Beatrice Müller nach einer Vorlage von Melvyn Gill Design Associates

Umschlag von Edgar Dambacher unter Verwendung eines Farbfotos von James Holmes und einer Schwarzweißzeichnung von Roswitha Goy

CIP-Kurztitelaufnahme der Deutschen Bibliothek

Holmes, Anita:
Alte Puppen, neu gemacht : e. Werkbuch für Liebhaber / Anita Holmes. [Aus d. Engl. übertr. von Barbara Blezinger. Mit 30 Farbfotos von James Holmes ; 87 Zeichn. von Melvyn Gill Design Assoc.]. – Stuttgart : Franckh, 1980
(Sinnvolle Freizeit)
Einheitssacht.: Making dolls for pleasure and profit ⟨dt.⟩
ISBN 3-440-04872-1

Franckh'sche Verlagshandlung, W. Keller & Co., Stuttgart / 1980

Printed in Italy / Imprimé en Italie
L 9sl H Ste / ISBN 3-440-04872-1
Satz: G. Müller, Heilbronn
Herstellung: Grafiche Muzzio, Padua / Italien

Seite 2. Nanette, eine liebenswürdige Puppe (siehe Seite 90)

Seite 8. Hier sehen Sie die fünf verschiedenen Puppentypen, die in diesem Buch beschrieben werden, zusammen. Sie lassen sich noch vielfältig abwandeln.

INHALT

6

VORWORT

Schon früher habe ich weiche Stofftiere und einfache Stoffpuppen genäht, aber der Ehrgeiz, auch anspruchsvollere Puppen herzustellen, packte mich erst, als ich auf eine deutsche Puppe aus dem Jahr 1880 stieß. Der Kopf dieser alten Puppe war aus Biskuitporzellan, der Körper aus Ziegenleder, Arme und Beine waren aus Papiermaché. Nach diesem Modell wollte ich eine moderne Puppe entwerfen, die jedoch ganz aus Stoff sein sollte, so daß Kinder mit ihr spielen konnten, ohne allzu vorsichtig sein zu müssen.

Zuerst erarbeitete ich ein Schnittmuster für den Körper, das dem Original ähnlich war, dann entwarf ich dazu passend den Kopf und die Glieder. Die Glieder waren besonders schwierig, denn die Konstruktion der Gelenke bei dieser alten Puppe ließ sich – wie ich durch viele Versuche und Fehler lernte – nicht auf eine Stoffpuppe übertragen.

Als ich mich dann ans Nähen machte, halfen mir auch meine Erfahrungen mit den einfacheren Stoffpuppen nicht viel. Zunächst stellte ich fest, daß ich die Teile nicht mit der Nähmaschine nähen konnte, weil sie dadurch die detaillierte Form verloren und auch die gewünschte Festigkeit nicht erhielten. Daher mußte ich die Puppen von Hand nähen. Ein weiteres Problem war das richtige Material: Es sollte robust und waschbar sein und dabei doch hübsch aussehen. Anfangs kaufte ich gebleichten Nessel, den ich einfärbte; das wirkte jedoch recht unnatürlich. Als geeignet erwiesen sich schließlich naturfarbener Nessel und als Füllmaterial Schafwolle. Dadurch wurden die Puppen fest und doch elastisch und hatten einen natürlichen Hautton.

Nachdem ich meinen ersten Entwurf monatelang überarbeitet hatte, packte mich die Begeisterung für dieses Hobby, und ich begann mich für die unterschiedlichen Puppentypen und Konstruktionstechniken der verschiedenen Epochen und Länder zu interessieren. Und aus der Beschäftigung mit den alten Puppen entstand die hier vorgestellte Sammlung.

Sie können alle Puppen in diesem Buch nacharbeiten, gleichgültig, ob Sie im Nähen schon erfahren oder noch ungeübt sind. Jedes Schnittmuster ist in Originalgröße wiedergegeben, so daß Sie es einfach abpausen können. Auf diese Weise entspricht Ihr Schnitt genau der Vorlage, und Sie müssen ihn nicht erst mühsam auf Karopapier übertragen. Die ausführlichen Anleitungen enthalten viele kleine Details, die jeder Puppe eine eigene Persönlichkeit verleihen und dadurch das Puppennähen zu einem Vergnügen machen.

Wenn Sie dann eine fertige Puppe vor sich haben, denken Sie bitte daran, daß sie für Kinder entworfen wurde, und lassen Sie die Kinder auch wirklich damit spielen!

Anita Holmes

TIDLEYWINKS

DER PUPPENKÖRPER

Material und Werkzeug

Arbeitsgerät und Material, die Sie für die Puppen brauchen, sind einfach und nicht teuer. Da alle Nähte von Hand genäht werden, brauchen Sie nicht einmal eine Nähmaschine.
Ehe Sie mit Ihrer ersten Puppe beginnen, sollten Sie sich alle hier aufgeführten Dinge bereitlegen:

1. Einen spitzen Bleistift (Härtegrad HB).
2. Transparent- oder Butterbrotpapier.
3. Festes Papier für die Schnittmuster. Geeignet ist Packpapier oder Briefpapier. Es sollte aber so kräftig sein, daß es mehrmals verwendet werden kann.
4. Zwei Scheren: eine Papierschere, um den Papierschnitt auszuschneiden, und eine scharfe Schneiderschere.
5. Ungebleichten Nessel. Die Menge ist jeweils bei der Anleitung für die verschiedenen Puppen angegeben und gilt immer für eine Stoffbreite von 1,30 m. Ich empfehle Nessel, weil er kräftig und preiswert ist und beim Ausstopfen die Form nicht verliert. Außerdem braucht man ihn nicht zu färben, weil seine Farbe etwa einem natürlichen Hautton entspricht. Verlangen Sie beim Einkauf einen kräftigen, dicht gewebten Nessel.
6. Nähgarn. Nehmen Sie einen ganz hellen rosa Farbton, da alle Nähte zu sehen sind. Gut geeignet sind „Drima" von MEZ und „Allesnäher" von Gütermann, denn diese Garne sind elastisch und reißen daher beim Ausstopfen nicht.
7. Ein Maßband.
8. Einen Fingerhut.
9. Nadeln. Für die Haare brauchen Sie mittlere oder große Stopfnadeln. Alle anderen Näharbeiten werden mit Nähnadeln ausgeführt.
10. Füllmaterial. Ich empfehle ungesponnene Schafwolle, denn nach meiner Erfahrung ist sie für die Puppen am besten geeignet: Sie läßt sich sehr fest stopfen und behält die Form. Ungesponnene Schafwolle bekommen Sie in größeren Handarbeitsläden und in Geschäften, die Naturmaterialien führen.
11. Stecknadeln.
12. Einen kleinen Holzlöffel oder ein ähnliches Werkzeug mit abgerundetem Stielende, mit dem sich die Schafwolle gut stopfen läßt. Sie können auch das stumpfe Ende einer Stricknadel verwenden, müssen dabei aber achtgeben, daß Sie damit nicht in der Schafwolle hängenbleiben und sie wieder herausziehen.
13. Garn oder Wolle für die Haare. Geeignet sind alle Arten von Wolle, Baumwoll- oder Seidengarn (siehe Seite 18).
14. Stickgarn. Damit werden Augenlider, Wimpern, Augenbrauen und Nase aufgestickt (siehe Seite 16).

MADE IN
INS
7
8
14

Abb. 1. Material und Werkzeug

15. Nagellack. Nach Belieben können Sie für Mund und Fingernägel einen rosa, für die Augen einen blauen, grünen oder braunen Farbton verwenden.
16. Tusche für die Pupillen. Sie können sie jedoch auch mit schwarzem Garn aufsticken.
17. Gesichtspuder, lose oder als Kompaktpuder. Ich habe die Erfahrung gemacht, daß die Gesichter der Puppen lebensechter wirken, wenn man den Wangen mit Puder etwas Farbe verleiht.
18. Einen Rundstab mit einem Durchmesser von 1,7 cm und etwa 43,5 cm lang. Sie brauchen ihn für die Stabpuppe (Seite 50ff.). Er eignet sich auch zum Aufwickeln von Wolle oder Garn für Lockenfrisuren (siehe Seite 19f.).
19. Gummiband, 0,5 cm breit, für die Puppe mit den Knopfgelenken (Seite 61ff.).
20. Vier kräftige Knöpfe mit Steg (∅ ca. 1,5 cm) für die Puppe mit den Knopfgelenken.
21. Eine dünne Häkelnadel aus Stahl. Sie brauchen sie vor allem für die Puppe mit den Knopfgelenken, aber auch zum Ausstopfen der Puppendaumen ist sie sehr praktisch.

Nähte und Stickstiche

Am schönsten fallen die Puppen aus, wenn Sie alle Stiche – auch die verdeckten – möglichst klein, exakt und gleichmäßig ausführen.
Für alle, die mit dem Nähen von Hand nicht so vertraut sind, werden hier die nötigen Stiche erklärt.

Steppstich
Ein haltbarer Stich, mit dem Sie zwei Teile rechts auf rechts liegend verbinden können. Alle obenliegenden Stiche sollten gleich lang und die unteren Stiche doppelt so lang wie die oberen sein. Die fertige Naht ähnelt einer geraden Maschinennaht.

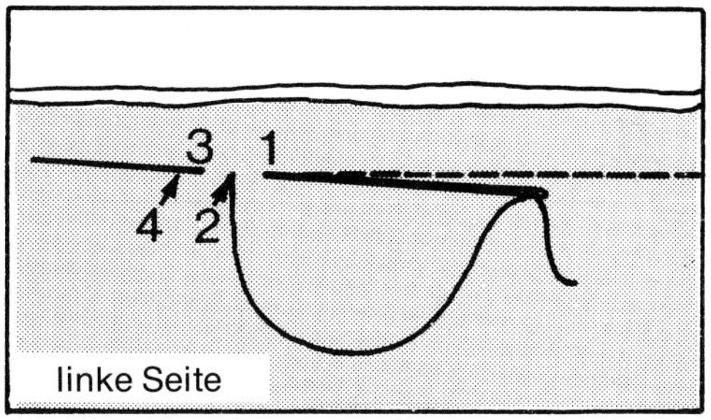

Abb. 2

Sie stechen mit der Nadel bei (1) ein, durch beide Stofflagen hindurch und bei (3) wieder aus. Dann stechen Sie bei (2) wieder ein und bei (4) wieder aus, usw. (siehe Abb. 2).

Vorstich
Er wird anstelle des Steppstiches verwendet, wenn die Naht nicht strapaziert wird

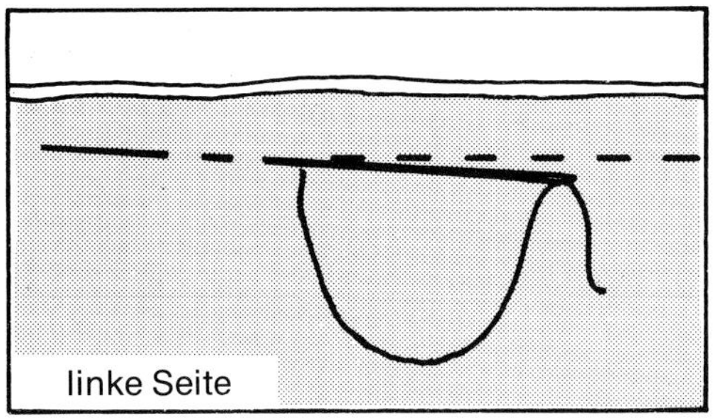

Abb. 3

oder auf der rechten Stoffseite noch durch überwendliche Stiche oder eine französische Naht verstärkt wird.
Sie nehmen mit der Nadel einige kleine, regelmäßige Stiche (Auf- und Abstiche) auf und ziehen den Faden durch. Das wird laufend wiederholt (siehe Abb. 3).

Überwendlicher Stich
Mit überwendlichen Stichen, die Sie auf der rechten Stoffseite ausführen, können Sie eine Naht verstärken (siehe Abb. 4).

Abb. 4

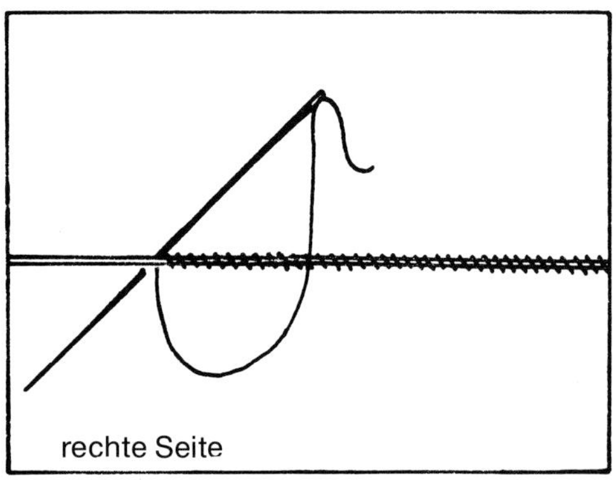

Nachdem Sie die Teile rechts auf rechts liegend durch eine Vorstichnaht verbunden haben, legen Sie den Stoff links auf links und halten ihn mit der linken Hand zwischen Daumen und Zeigefinger fest. Dann führen Sie die Nadel jeweils von hinten nach vorn durch alle vier Stofflagen, nehmen den Faden über die Stoffkante wieder nach hinten und stechen wieder von hinten nach vorne durch. Auf 1 cm kommen etwa 6 Stiche.
Außerdem ist es auch möglich, durch überwendliche Stiche Teile zu verbinden. Dazu werden die Schnittkanten (außer bei Schuhen und Stiefeln – siehe Seite 24) nach innen umgeschlagen.

Schrägstich
Mit diesem Stich werden die Finger an den Puppenhänden und bei manchen Puppen auch die Gelenke abgenäht.
Sichern Sie den Faden mit einem Knoten und ein paar Rückstichen an der Kante, von der Sie ausgehen. Stechen Sie mit der Nadel auf einer Seite – etwa eine Stichbreite von der Kante entfernt – ein, stechen Sie schräg durch den Stoff und die Füllung durch und auf der anderen Seite an der Kante wieder aus. Dann drehen Sie das Teil um und stechen mit der Nadel so durch, daß Sie am Einstichloch des vorherigen Stiches wieder herauskommen (siehe Abb. 5), usw. Zuletzt wird der Faden fest vernäht.

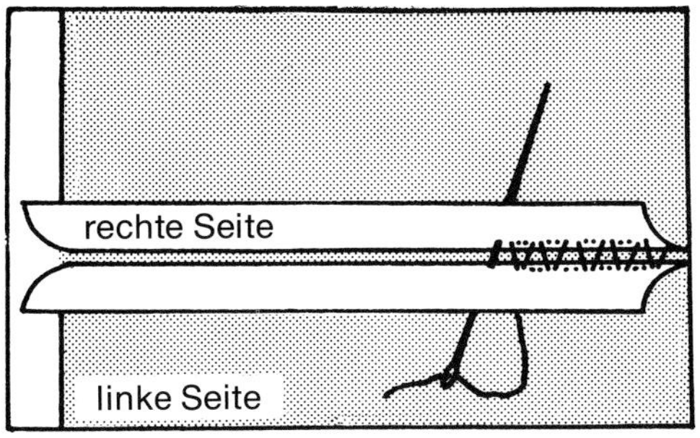

Abb. 5

Stielstich
Mit diesem Stich werden Augen, Augenlider und Augenbrauen aufgestickt. Der Anfang der Naht liegt bei (1), Sie stechen bei (3) ein und bei (2) wieder aus (siehe Abb. 6). Für Augenbrauen und Wimpern läßt sich dieser Stich auch weiter auseinanderziehen (siehe Abb. 7).

Knötchenstich
Mit Knötchenstichen werden die Nasenlöcher gestickt.

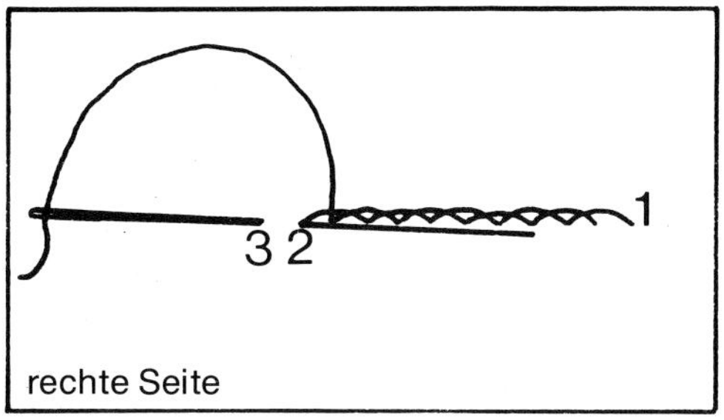

Abb. 6

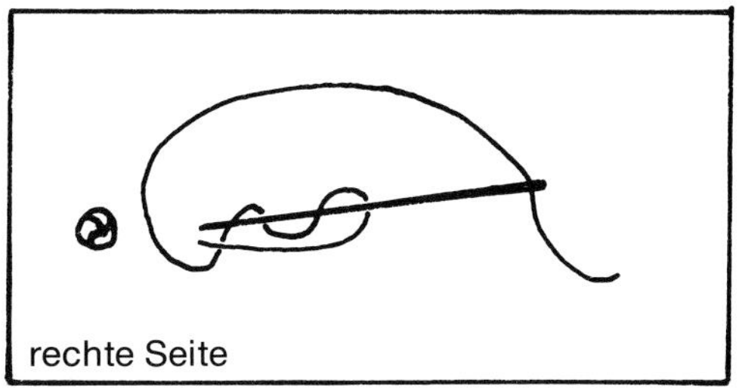

Abb. 8

Abb. 7

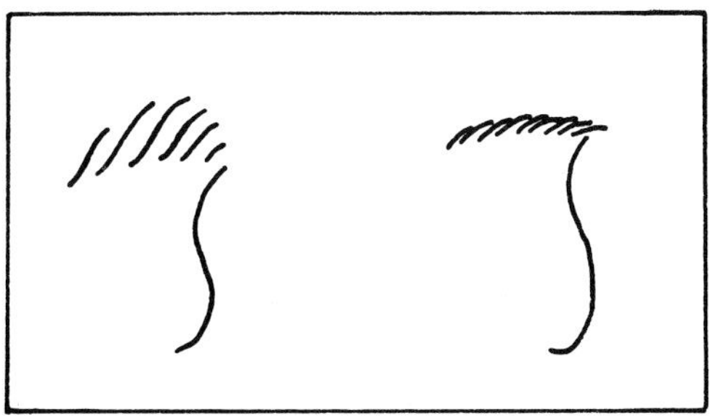

Sie stechen von links aus, nehmen zwei Gewebefäden auf die Nadel und schlingen den Faden drei- oder viermal um die Nadel. Dann stechen Sie neben der Ausstichstelle wieder ein (siehe Abb. 8), ziehen den Faden durch und vernähen ihn.

Die Vorbereitung des Nessels

Ungebleichter Nessel sollte zuerst warm gewaschen werden, damit er später nicht

mehr einläuft. Anschließend müssen Sie das Gewebe wieder geradeziehen, indem Sie den Stoff in sehr feuchtem Zustand „strecken“: Zuerst ziehen Sie ihn in Längs-, dann in Querrichtung und schließlich noch in den beiden Diagonalen. Wenn Sie das versäumen, bleibt der Fadenlauf verzogen. Die Folge ist, daß sich der Körper nach dem Ausstopfen verdreht und die Puppe dadurch die Form verliert.
Anschließend wird der Stoff noch in feuchtem Zustand gebügelt, bis er ganz trocken ist. Achtung: dabei nicht zusammenlegen! Die gebügelte Seite ist dann die linke Seite. Die Stärkeschicht, die nach dem Bügeln des Nessels auf dem Bügeleisen zurückbleibt, läßt sich nach dem Abkühlen des Eisens mit einem feuchtwarmen Tuch wieder abreiben.

Die Schnittmuster für die Puppenkörper

Alle Schnitteile sind in Originalgröße wiedergegeben und durchnumeriert, damit Sie sie leicht finden können.
Die Bedeutung der Markierungen auf den Schnitteilen:

1. ———— Das ist die spätere Nahtlinie auf dem Nessel. Sie müssen daher die Papierschnitteile ganz exakt auf dieser Linie ausschneiden.
2. . . . . Kennzeichnet die Stellen, die fürs Ausstopfen offenbleiben.
3. .- .- .- .- Gibt den Verlauf der Schrägstiche an, mit denen Sie – noch während Sie die Puppe ausstopfen und zusammennähen – Finger und Gelenke abnähen. Sie brauchen diese Linien nicht auf den Stoff zu übertragen, sollten sie aber auf dem Papierschnitt einzeichnen.
4. „X“ auf einem Schnitteil bedeutet, daß dieses Teil zweimal und zwar *separat* zugeschnitten werden muß. Achten Sie darauf, daß Sie den Papierschnitt vor dem Zuschneiden des zweiten Teils umdrehen, damit Sie ein rechtes und ein linkes Teil erhalten.

So entsteht Ihr Papierschnitt
Zeichnen Sie die Schnitteile auf Transparent- oder Butterbrotpapier durch, übertragen Sie sie auf kräftiges Papier – je fester das Schnittpapier, desto häufiger können Sie den Schnitt verwenden –, und schneiden Sie sie auf den durchgezogenen Linien aus.

Zuschneiden des Nessels
Der Nessel wird rechts auf rechts liegend auf die Hälfte gefaltet, so daß die Webkanten aufeinanderliegen. Dann legt man im Abstand von mindestens 1 cm diejenigen Schnitteile auf, die doppelt zugeschnitten werden und *nicht* durch ein „X“ gekennzeichnet sind. Achten Sie darauf, daß für die übrigen Schnitteile genügend Stoff bleibt, und vergessen Sie dabei nicht, daß die Teile mit einem „X“ zweimal und separat zugeschnitten werden müssen. Nun umfahren Sie alle Schnitteile mit einem Bleistift (siehe Abb. 9). Beim Zu-

Abb. 9

schneiden der Stoffteile schneiden Sie, etwa 0,5 cm von den Bleistiftlinien entfernt entlang – so erhalten Sie eine Nahtzugabe von 0,5 cm.
Die übrigen Schnitteile („X“) werden von links auf eine einfache Lage Nessel gelegt, einzeln umfahren und wie oben beschrieben ausgeschnitten.
Ansonsten richten Sie sich nach der jeweiligen Anleitung für die einzelnen Puppen.

Ausstopfen

Die ungesponnene Schafwolle wird gleichmäßig mit dem runden Stiel eines Holzlöffels oder eines ähnlichen Werkzeuges in Kopf, Rumpf und Gliedmaßen der Puppe geschoben.
Stopfen Sie die Füllung möglichst fest. Die Nähte können nicht reißen, da sie zusätzlich durch eine überwendliche Naht verstärkt sind, damit sie dem Druck der Füllung standhalten. Gehen Sie beim Ausstopfen immer von der Mitte des Teils aus, an dem Sie gerade arbeiten, da sich die Schafwolle sonst nach außen abdrücken könnte. Falls trotzdem einmal „Beulen“ entstehen, müssen Sie die Schafwolle an dieser Stelle noch einmal entfernen und neu einstopfen.

GESICHT UND HAARE

Gesicht

Wenn möglich, sollten Sie das Gesicht gestalten, ehe Sie den Kopf an den Körper nähen. Es könnte ja sein, daß Ihnen Ihr erster Entwurf nicht so ganz gefällt. Bei der schlanken Puppe und bei der Stabpuppe geht das allerdings nicht, weil hier Kopf und Rumpf an einem Stück zugeschnitten werden.
Das Gesicht können Sie aufsticken. Ich persönlich aber ziehe es vor, die Augen und den Mund mit Nagellack aufzumalen – die Augen in Blau, Grün oder Braun, die Lippen in Rosa –, weil die Puppen damit zarter und freundlicher aussehen. Waschbar sind sie trotzdem.
Da die Gesichter ziemlich flach sind, sollte man die Gesichtszüge einfach und stilisiert gestalten. Auf Abb. 11, Seite 17, finden Sie verschiedene Vorschläge für Augen- und Mundformen, mit denen Sie Ihrer Puppe den gewünschten Gesichtsausdruck geben können. Sie werden aber sehr bald feststellen, daß Ihre Puppe während des Entstehens ihre eigene kleine Persönlichkeit entwickelt, der Sie den Gesichtsausdruck anpassen sollten.

Entwurf
Malen Sie den Umriß des ausgestopften Kopfes auf ein Stück Papier und zeichnen Sie auch den Verlauf etwaiger Nähte ein. Da die Augen für den Gesichtsausdruck am wichtigsten sind, malen Sie zuerst dort, wo die Augen sein sollen, zwei Kreise auf.

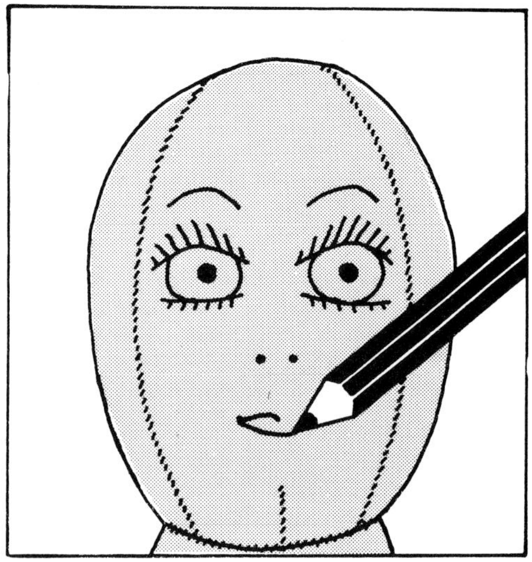

Abb. 10

Dann malen Sie Augenlider, Wimpern und Augenbrauen und zuletzt den Mund. Wenn Ihnen Ihr Entwurf gefällt, zeichnen Sie die wesentlichen Einzelheiten mit einem spitzen Bleistift auf den Puppenkopf (siehe Abb. 10).

Ausführung
Zuerst malen Sie mit Nagellack sorgfältig die Augen aus, wenn nötig, zweimal. Dann malen Sie den Mund dünn mit rosa Nagellack aus, so daß die Bleistiftlinien gerade bedeckt sind.
Augenlider, Wimpern und Augenbrauen werden mit Nähgarn oder ein bis zwei Fäden Sticktwist entlang der Bleistiftli-

Abb. 11

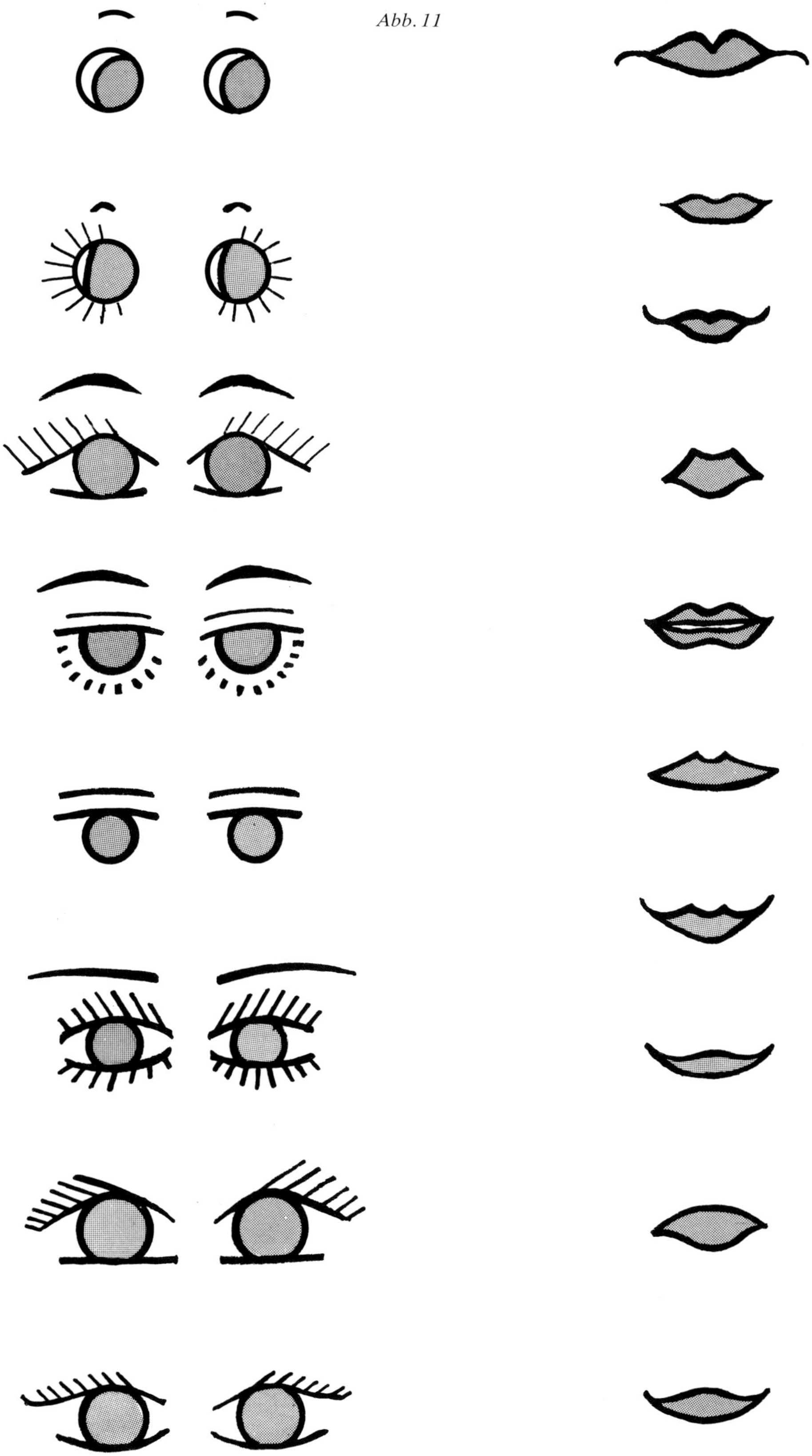

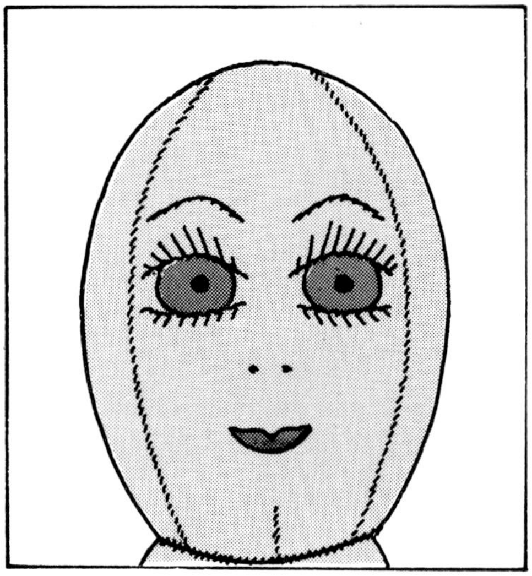

Abb. 12

nien mit Stielstichen aufgestickt (siehe Abb. 12). Für die Pupillen nehmen Sie entweder schwarzes Nähgarn oder schwarze Tusche.
Die Nasenlöcher sticken Sie mit zwei Knötchenstichen auf.
Zuletzt werden die Wangen der Puppe getönt: Tragen Sie jeweils nur wenig Gesichtspuder auf und reiben Sie ihn gut ein.

Haare

Für die Haare eignen sich alle Garne, von Nähgarn bis zu ganz dicker Wolle; sie sollten aber immer auf das Gesicht und die Größe der Puppe abgestimmt sein. Zu einem kleinen Kopf mit zarten Gesichtszügen paßt am besten dünneres Garn, zum Beispiel Häkelgarn, während einem rundlichen Kleinkind dicke Wollhaare gut stehen. Probieren Sie verschiedene Garnstrukturen und Kombinationen von unterschiedlichen Garnen und Farbtönen aus. Im Zweifelsfall verwenden Sie mitteldicke Wolle, die sich für alle Puppen eignet.
Sie haben sicher Ihre eigenen Vorstellungen und werden gern verschiedene Frisuren ausprobieren. Auf den Fotos in diesem Buch finden Sie eine Fülle von Vorschlägen, die Sie übernehmen oder nach Belieben abwandeln können. Denken Sie aber immer daran, daß die Haare fest vernäht werden müssen, damit sie nicht so leicht ausgerissen werden. (Man sollte sich keine Illusionen darüber machen, wie die kleinen Puppenmütter mit ihren geliebten Puppen umgehen!) Am einfachsten ist es, wenn man die Haare am Kopf festnäht. Dafür gibt es drei verschiedene Methoden:

1. Eingeknüpfte glatte Haare
Zuerst schneiden Sie die Wollfäden zu; sie müssen etwa 2,5 cm länger als die gewünschte Haarlänge sein. Mit einer Stopfnadel ziehen Sie dann einen Wollfaden am Hinterkopf, etwa 2,5 cm oberhalb der Halslinie, durch ein paar Gewebefäden. Der Faden wird durchgezogen, bis die Enden gleich lang sind, und dann verknotet (siehe Abb. 13).

In dieser Weise wird die ganze untere Haarreihe eingeknüpft. Wenn Sie mitteldicke Wolle verwenden, sollten die Knoten etwa 0,7 cm auseinanderliegen, bei dünnerer Wolle oder Garn sollten sie dichter, bei dicker Wolle weiter auseinanderliegen.
Dann knüpfen Sie weitere Haarreihen ein, immer von einer Seite zur anderen; zwischen den Reihen lassen Sie etwa 0,7 cm Platz (siehe Abb. 14). Am Oberkopf sollten die Knoten dichter liegen, damit möglichst wenig Stoff durch die Haare durchschimmert.
Wenn Ihre Puppe lange Haare haben soll, müssen die oberen Haarreihen zunehmend länger werden, damit die Haare

Abb. 13

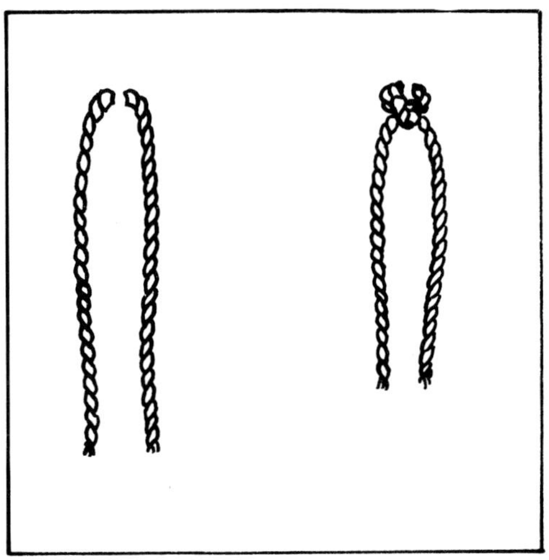

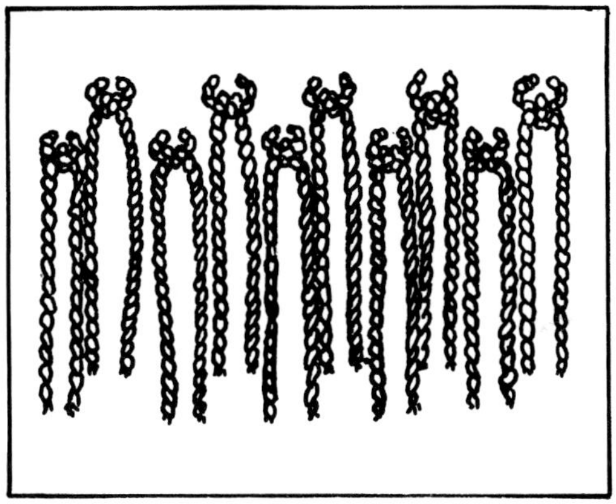

Abb. 14

vom Oberkopf mit den unteren Haarreihen abschließen.
Nähgarn eignet sich ebenfalls ausgezeichnet für Haare, denn es ist so dünn, daß es sich gut kämmen läßt. Die Fäden müssen allerdings ganz dicht geknüpft werden, so daß Sie viel Zeit und auch viel Nähgarn dafür brauchen. Für eine ganz besonders schöne Puppe lohnt sich der Aufwand aber durchaus.
Bei dieser Methode können Sie die Haare nach dem Einknüpfen noch in Form schneiden und „frisieren“.

2. Aufgenähte Locken
Zunächst werden einzelne Locken angefertigt, die anschließend auf den Kopf genäht werden.
Wickeln Sie das Garn um den Rundstab oder um einen Bleistift und nähen Sie mit

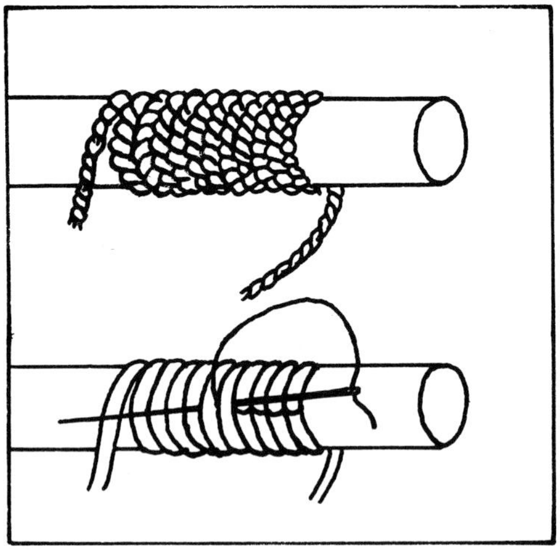

Abb. 15

Nähgarn eine feste Steppstichnaht darüber, die alle Garnschlingen erfaßt (siehe Abb. 15). Dann schneiden Sie das restliche Garn ab, streifen die Locke von dem Stab, legen sie zu einem Kreis und nähen sie fest am Kopf an (siehe Abb. 16).
Nun gestalten Sie die gewünschte Frisur aus vielen einzelnen Locken. Sie sollten so dicht nebeneinandersitzen, daß kein Stoff mehr durchschimmert, wenn man mit der Hand über die Haare streicht.
Längere Locken entstehen, wenn Sie das Garn um ein Lineal wickeln und die Schlingen an einer Längskante mit Steppstichen abnähen. Sie werden dann nicht – wie oben – zu einem Kreis gelegt, sondern

Abb. 16

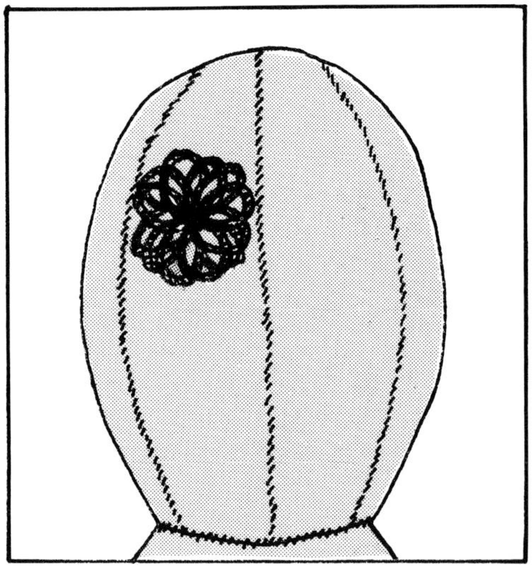

Abb. 17

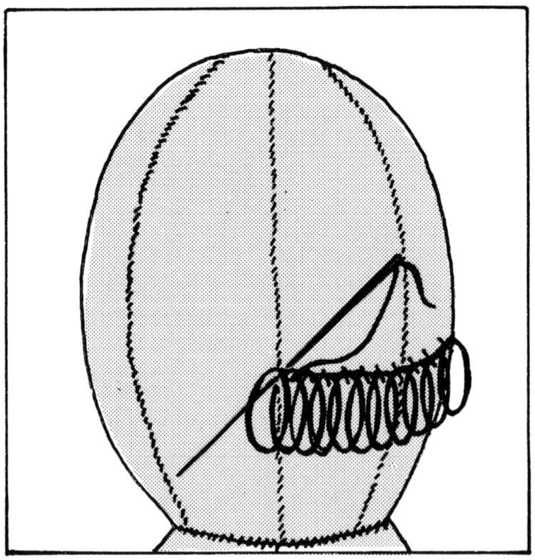

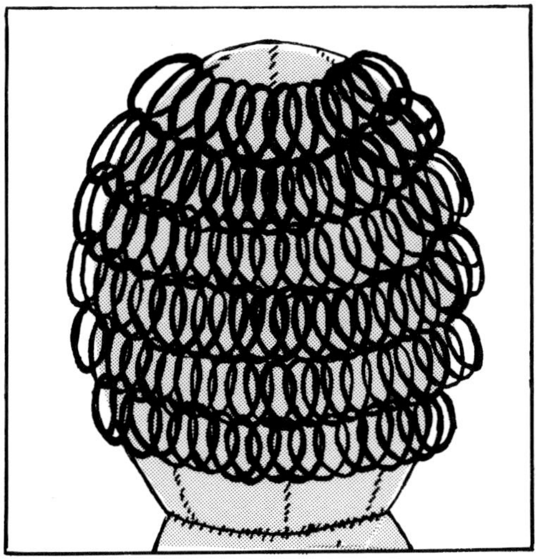

Abb. 18

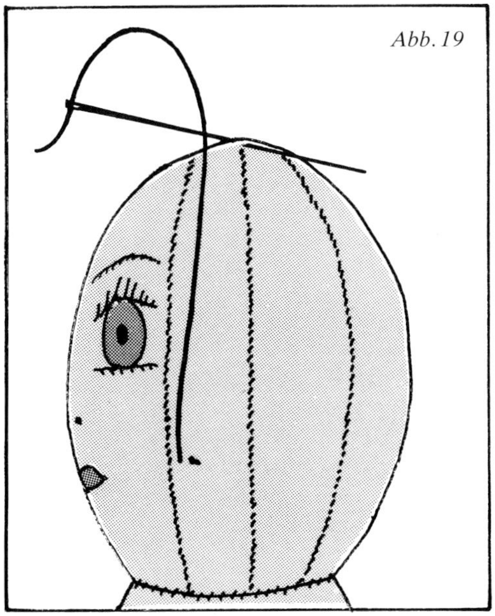

Abb. 19

an der Steppstichnaht quer über den Kopf aufgenäht (siehe Abb. 17).
Nähen Sie die Lockenreihen, von unten beginnend, bis zum Oberkopf auf (siehe Abb. 18).
Die letzte Lockenreihe muß kürzer sein. Sie wird zu einem Kreis gelegt und auf den Oberkopf genäht, so daß kein Stoff mehr zu sehen ist.

3. Aufgestickte Haare:
Ganz glatt oder mit Locken

Sie können die Haare auch mit langen Wollfäden und einer Stopfnadel direkt auf den Kopf sticken.
Hierfür fangen Sie auf einer Seite des Gesichts an, und zwar so weit unten, wie es

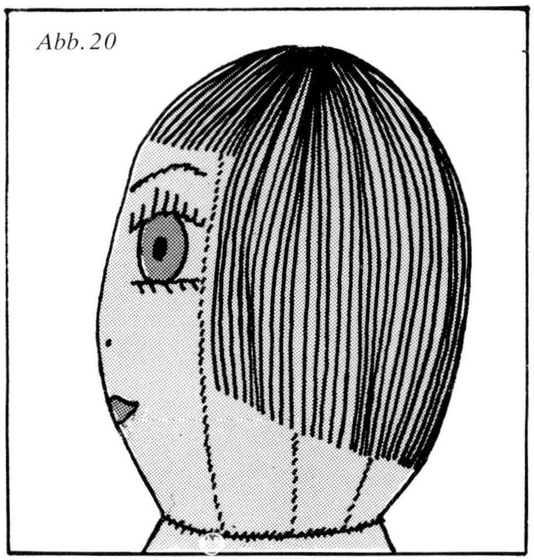

Abb. 20

der gewünschten Haarlänge entspricht. Machen Sie an ein Ende des Wollfadens einen Knoten, nehmen Sie einige Gewebefäden auf die Nadel und ziehen Sie den Faden ganz durch. Dasselbe wiederholen Sie auf dem Oberkopf (s. Abb. 19).
In dieser Weise besticken Sie den Kopf rundherum mit Haaren, so daß der Stoff ganz bedeckt (siehe Abb. 20) und das Gesicht umrahmt ist (siehe Abb. 21 und 22). Wenn Sie mit einem neuen Faden anfangen, sollte der Knoten unter den bereits aufgestickten Haaren versteckt werden. So können Sie eine glatte Kurzhaarfrisur gestalten. Sie können aber auch zusätzlich noch Locken aufnähen (siehe Abb. 23), die bei der zweiten Methode beschrieben werden.

Abb. 22

Abb. 21

Abb. 23

DIE PUPPENKLEIDER

Material und Werkzeug

Da alle Kleider von Hand genäht werden, brauchen Sie nur das grundlegende Nähzubehör, das auf Seite 9ff. aufgeführt ist. Die Stoffmengen, die Sie für die verschiedenen Kleidungsstücke brauchen, sind jeweils bei den Nähanleitungen angegeben; sie gelten immer für eine Stoffbreite von 1,30 m. Wenn Sie ein Schnittmuster abändern, ändert sich möglicherweise auch die benötigte Stoffmenge. Stellen Sie daher zuerst den Papierschnitt her, ehe Sie Stoff kaufen.
Da jeweils nur wenig Stoff benötigt wird, sollten Sie gute Stoffe kaufen. Es wäre falsch, daran zu sparen, denn ein gutes Material wäscht sich besser und läßt sich leichter verarbeiten. Am geeignetsten sind leichte Baumwollstoffe und Popeline, Batist, Voile, Terylene- und Polyestergewebe. In diesen Materialien finden Sie sicher eine große Auswahl an einfarbigen und an kleingemusterten Stoffen. Am besten sehen Sie auch immer auf dem Restetisch der Stoffgeschäfte nach, ob Sie dort geeignete Stoffreste finden; Sie brauchen ja nur kleine Stoffmengen.

Weiteres Zubehör
Spitze
Für Höschen und Unterröcke. Kaufen Sie möglichst schmale Spitzen.

Knöpfe
Nehmen Sie die kleinsten Knöpfe, die Sie bekommen können.

Bänder
Für Gürtel, Schnürsenkel, als Haarbänder und allgemein zum Verzieren.

Gummiband
Am besten eignet sich 0,5 cm breites Gummiband.

Nähgarn
„Drima“ von MEZ und „Allesnäher“ von Gütermann eignen sich für alle vorgeschlagenen Stoffe.

Leder und Wildleder
Man kann für die Schuhe oder Stiefel auch Filz verwenden, doch sieht Leder oder Wildleder echter aus. Kleine Stücke bekommt man meist ganz billig, zum Beispiel in Bastelgeschäften oder in der Hobby-Abteilung von Spielwarengeschäften. Am besten eignet sich dünnes, weiches Leder, weil es sich leichter nähen läßt. Falls Sie keine kleinen Lederstücke bekommen, können Sie auch die Lederflikken verwenden, die man auf Jackenärmel näht.
Schuhe und Stiefel sollten immer auf der *rechten Seite* mit überwendlichen Stichen zusammengenäht werden. Die übernähten Schnittkanten liegen bei den fertigen Schuhen und Stiefeln also immer außen.

Näharbeiten

Die verschiedenen Stiche, mit denen die Kleider genäht werden, sind auf Seite 11ff. erklärt.
Da die Puppen sicher oft an- und ausge-

zogen werden, müssen die Kleider haltbar sein und dürfen keine unversäuberten Schnittkanten haben, die ausfransen könnten. Daher sind alle Oberteile gefüttert und alle Röcke, Unterhöschen, Hosen und Ärmel mit französischen Nähten genäht.

Die französische Naht

Legen Sie den Stoff links auf links aufeinander und nähen Sie – 0,5 cm von den Schnittkanten entfernt – auf der rechten Stoffseite eine Vorstichnaht. Schneiden Sie etwaige ausgefranste Stellen zurecht. Wenden Sie dann die Naht nach innen, so daß der Stoff nun rechts auf rechts liegt, und nähen Sie eine zweite Vorstichnaht, die die unversäuberten Kanten der ersten Naht einschließt (siehe Abb. 24). Zuletzt bügeln Sie die Naht nach einer Seite.

Wenn Sie eine Rock- oder Hosennaht mit Schlitzverschluß arbeiten, lassen Sie die Naht in Schlitzlänge offen und nähen die erste Naht im Abstand von 1,3 cm von den Schnittkanten.

Abb. 24

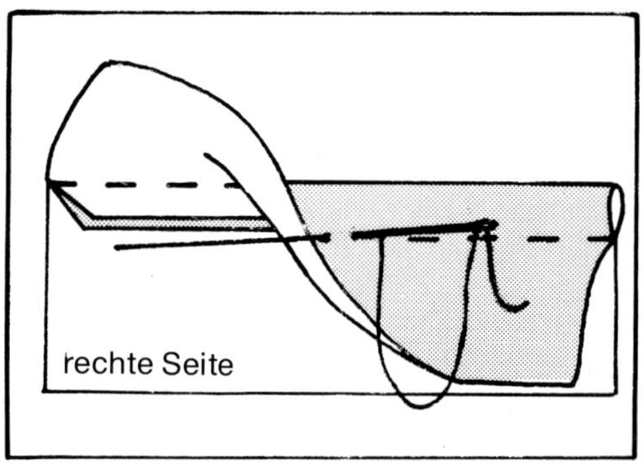

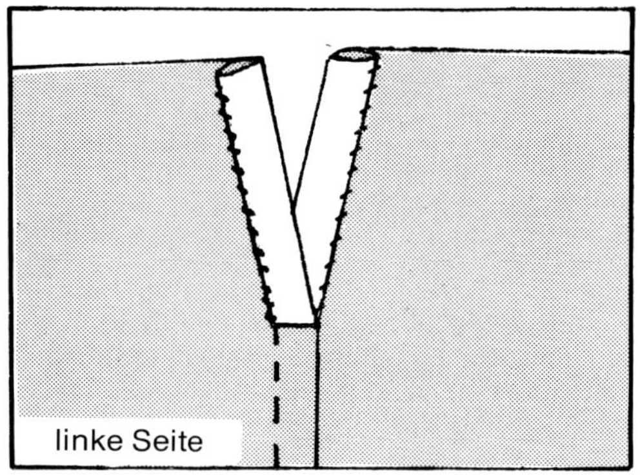

Abb. 25

Schneiden Sie die zusammengenähten Kanten auf 0,5 cm zurück, wenden Sie die Naht nach innen und schließen Sie die Kanten mit einer zweiten Naht ein. Dann schlagen Sie die offenen Kanten, die Sie nicht zurückgeschnitten hatten, zweimal nach links um und säumen sie so an, daß der Schlitz gut versäubert ist (siehe Abb. 25).

Ärmel einsetzen

Stecken Sie den Ärmel rechts auf rechts so in den Armausschnitt, daß die Ärmelnaht an die Seitennaht des Oberteils stößt; das Oberteilfutter wird nicht miterfaßt. Legen Sie das Oberteil mit der Innenseite nach oben vor sich hin, passen Sie den Ärmel an das Armloch an und nähen Sie Ärmel und

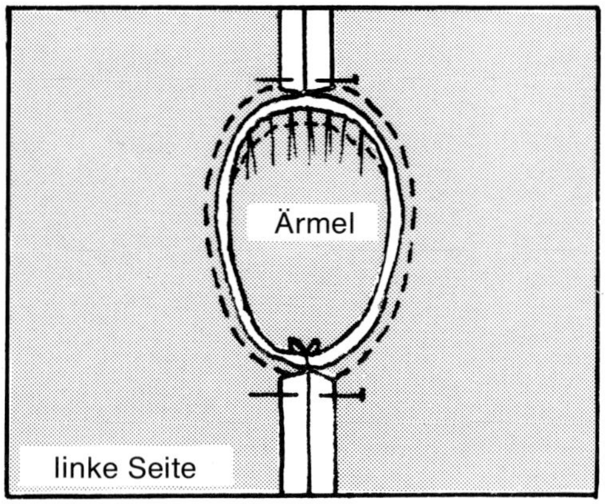

Abb. 26

Oberteil, 0,5 cm von den Schnittkanten entfernt, mit Steppstichen zusammen (siehe Abb. 26). Dann ziehen Sie den Ärmel durch das Armloch des Futters nach links (siehe Abb. 27), schlagen das Armloch des Futters knappkantig nach innen um und säumen es an der Steppstichnaht an (siehe Abb. 28).

Abb. 27

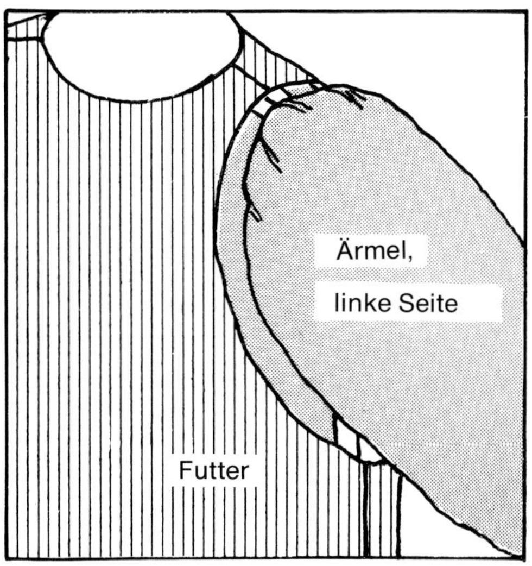

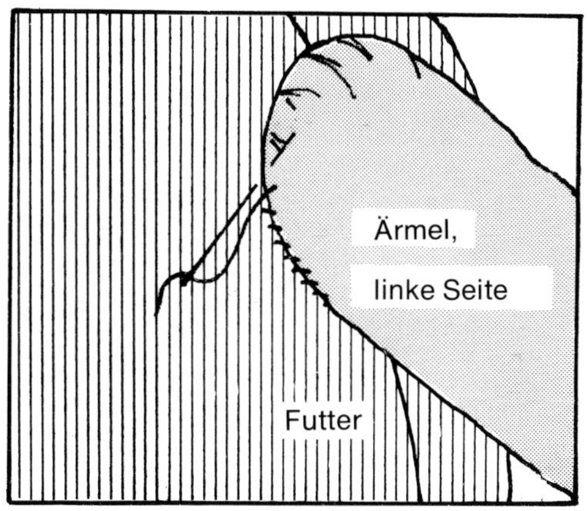

Abb. 28

So werden Oberteil und Rock zusammengenäht

Wenden Sie den Rock nach links und schieben Sie das Oberteil rechts auf rechts in den Rock. Dabei müssen die rückwärtigen Kanten des Oberteils an die Kanten des Rockschlitzes stoßen, und die eingekräuselte Rockkante muß mit der Unterkante des Oberteils abschließen. Die Teile werden rundherum zusammengesteckt –

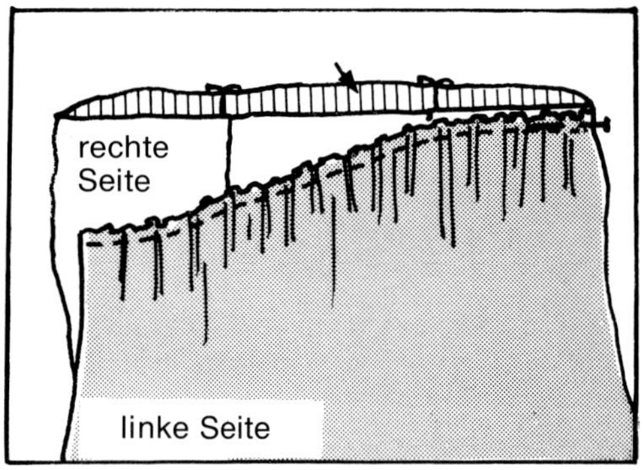

Abb. 29

das Oberteilfutter wird nicht miterfaßt (siehe Abb. 29 und 30) – und mit Steppstichen zusammengenäht. Dann wird das Oberteilfutter knappkantig nach innen umgeschlagen und so an der Naht angesäumt, daß die Schnittkanten innen liegen (siehe Abb. 31).

Säumen

Mit Saumstichen (siehe Abb. 32) näht man eine nach links umgeschlagene Kante auf oder an einem anderen Teil an.

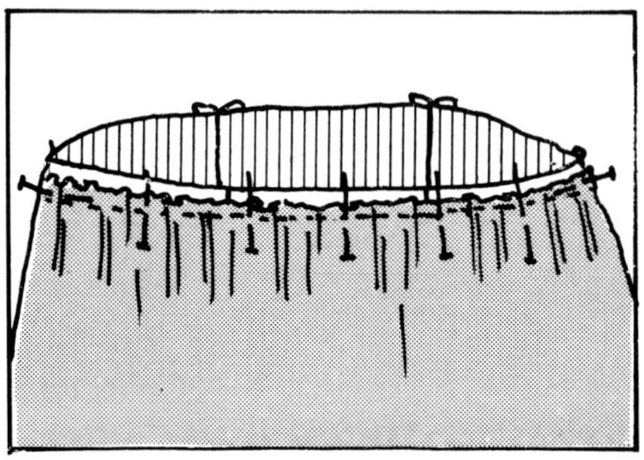

Abb. 30

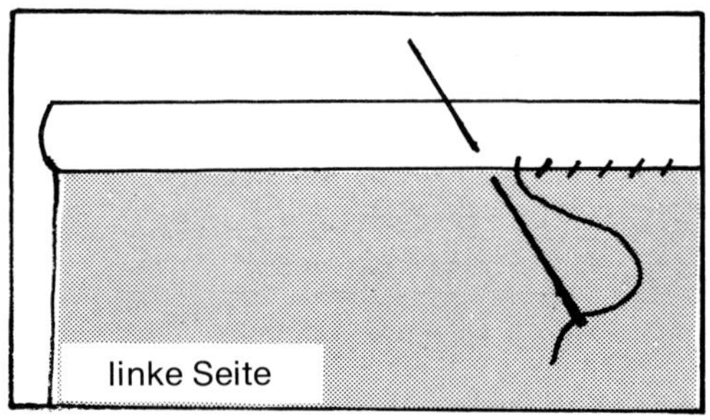

Abb. 32

Abb. 31

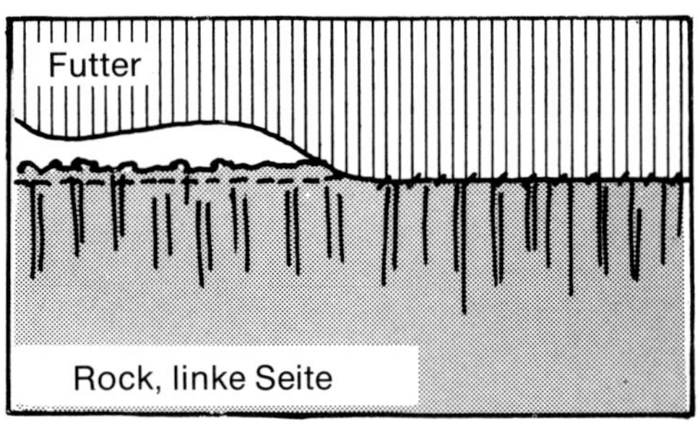

Schlagen Sie die Schnittkante um, bügeln Sie sie fest und legen Sie sie auf oder an das Teil, an dem sie angesäumt werden soll. Dann nehmen Sie ein oder zwei Gewebefäden des unteren Stoffes auf die Nadel, schieben die Nadel unter die eingeschlagene Kante und stechen oben wieder aus, usw.

Verschlüsse
Alle Verschlüsse an den Kleidungsstükken bestehen aus Knöpfen und Schlingen. Sie können statt dessen aber auch Druckknöpfe oder Haken und Ösen annähen.

Schlingen
Sie sollten an der Verschlußkante liegen. Markieren Sie mit Stecknadeln Anfang und Ende der Schlinge; ihre Länge richtet sich nach der Knopfgröße. Vernähen Sie den Faden fest an einer der beiden bezeichneten Stellen, führen Sie ihn hinüber zur zweiten bezeichneten Stelle, so daß eine Schlinge entsteht, und vernähen Sie ihn auch dort fest. Jetzt spannen Sie den Faden noch dreimal hin und her (siehe Abb. 33) und übernähen dann die Spannfäden mit Knopflochstichen (siehe Abb. 34). Die Knopflochstiche sollten fest, aber nicht zu dicht sein, die Knötchen liegen an der Außenseite der Schlinge. Verteilen Sie die Schlingen gleichmäßig über die Verschlußkante.

Abb. 33
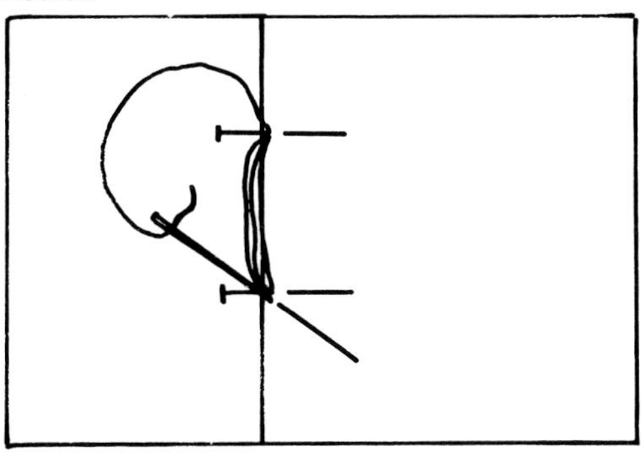

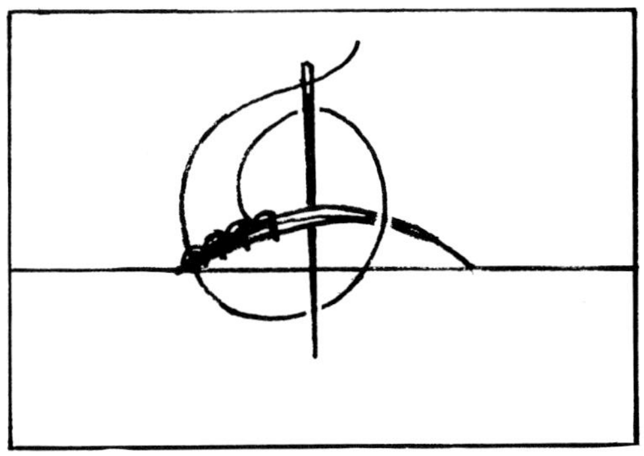
Abb. 34

Die Schnittmuster für die Kleidung

Alle Schnitteile sind in Originalgröße abgedruckt und bezeichnet, damit Sie sie leicht finden können. Die Markierungen auf den Schnitteilen bedeuten:

1. ——— Auf dieser Linie schneiden Sie. Alle Schnitteile für die Kleidung enthalten bereits eine Nahtzugabe von 0,5 cm; die Nähte liegen daher 0,5 cm von der Schnittkante entfernt.
2. – – – – – Damit alle Schnitteile in Originalgröße abgedruckt werden konnten, haben manche Teile eine Faltlinie (Stoffbruch), die durch eine gestrichelte Linie dargestellt ist. Wenn Sie den Papierschnitt anfertigen, legen Sie die durchgepausten Teile mit der gestrichelten Kante an die Bruchkante

von doppelt liegendem kräftigem Papier. Wenn Sie das Papier dann ausgeschnitten haben und auseinanderfalten, haben Sie das vollständige Schnitteil.

So entsteht Ihr Papierschnitt
Zeichnen Sie die Schnitteile auf Transparent- oder Butterbrotpapier durch und übertragen Sie sie auf kräftiges Papier – je fester das Schnittpapier, desto häufiger können Sie den Schnitt verwenden. Dann schneiden Sie die Teile auf den durchgezogenen Linien aus.

Zuschneiden
Falten Sie den Stoff rechts auf rechts in der Mitte zusammen, so daß die Webkanten aufeinanderliegen. Legen Sie den Papierschnitt auf – wobei Sie auf den Fadenlauf achten müssen, der auf jedem Teil angegeben ist –, und schneiden Sie die Teile ganz exakt aus.
Im weiteren richten Sie sich nach den jeweiligen Hinweisen für die einzelnen Kleidungsstücke.

ANNE

Anne ist eine schlanke Puppe mit einfachen abgenähten Gelenken

Größe: 48,5 cm
Fünf Schnitteile: 1 – 2 – 3 – 4 – 5 (siehe Seite 46 und 47)

Material

25 cm ungebleichter Nessel
200 g Schafwolle
Hellrosa Nähgarn
Garn oder Wolle für die Haare
Stickgarn für Augen und Nase
Blauen, grünen oder braunen Nagellack für die Augen
Rosa Nagellack für Lippen und Fingernägel

Anne entstand nach dem Vorbild alter Holzpuppen, die sehr langgestreckte, schmale Körper und Glieder hatten.
Frühe Exemplare dieses Puppentyps haben schön ausgearbeitete Gelenke; Köpfe, Unterarme und Beine sind sehr hübsch geschnitzt und bemalt. Um das Jahr 1820 begann man dann, diesen Puppentyp in stark vereinfachter Form in Massen zu produzieren. Die Puppen hatten jetzt Scharniergelenke mit Holzdübeln, die Haare waren nur aufgemalt, und auch Hände und Füße waren nicht mehr so wohlgeformt ausgearbeitet.
Gegen Ende des letzten Jahrhunderts wurden dann solche Puppen in noch weiter vereinfachter Form zu Tausenden produziert. Es gab sie ab etwa 1,5 cm in verschiedenen Größen unter der Bezeichnung „Dutch dolls", „Plain Bettys", „Woodentops" und „Penny Woodens". Sie werden bei uns nach ihrer Herkunft meist als Grödnertalpuppen bezeichnet. Da diese Puppen ganz aus Holz sind, wirken sie sehr starr und steif. Arbeitet man sie jedoch aus Stoff, werden sie weich, anschmiegsam und liebenswürdig. Trotzdem sind sie sehr robust (in vernünftigen Grenzen natürlich!) und deshalb für kleine oder sehr lebhafte Kinder besonders geeignet.
Dieser Puppentyp ist ideal für Puppen mit viel „Haltung", wie Polizisten oder Gardesoldaten; er kann aber auch ganz besonders hübsch und mädchenhaft aussehen, wie die Abb. 35, Seite 31, zeigt.

Zuschneiden

Der Nessel wird nach der Anleitung auf Seite 13f. vorbehandelt und zugeschnitten.

Nähen

Legen Sie die Nesselteile rechts auf rechts und nähen Sie mit kleinen Vorstichen (siehe Seite 11f.) auf den Bleistiftlinien entlang.

1. Schließen Sie die vorderen und hinteren Beinnähte.

2. Prüfen Sie, ob Sie eine rechte und eine linke Fußsohle haben und setzen Sie die Sohlen ein.
3. Schließen Sie die Seitennähte des Körpers und nähen Sie die beiden Kopf-Schulter-Hälften zusammen.
4. Nähen Sie die Arme zusammen; die Hände werden mit Steppstichen genäht (siehe Seite 11).
5. Dann werden alle Teile nach rechts gewendet und die Nähte mit überwendlichen Stichen verstärkt (siehe Seite 12).

Ausstopfen

Ehe Sie mit dem Ausstopfen beginnen, sollten Sie noch einmal die allgemeinen Hinweise auf Seite 15 durchlesen.

Die Arme

1. Schieben Sie bei beiden Armen Schafwolle in die Vorderhand und stopfen Sie sie bis an die vordere Handnaht.
2. Arbeiten Sie die Finger heraus, indem Sie an beiden Händen die vier auf dem Papierschnitt eingezeichneten Linien mit Schrägstichen (siehe Seite 12) abnähen (siehe Abb. 36).
3. Stopfen Sie die Handflächen aus.
4. Nähen Sie die auf dem Papierschnitt angegebenen inneren Handgelenklinien mit kleinen Vorstichen von einer Seite zur anderen ab, und halten Sie den Stoff dabei leicht ein (siehe Abb. 37). Faden anschließend gut vernähen.

Abb. 35 (rechts). Anne als modernes junges Mädchen. Auf Seite 41, Abb. 49, sehen Sie, wie sich diese Puppe abwandeln läßt.

5. Stopfen Sie die Arme bis zu den Ellbogen fest und glatt aus.
6. Jetzt nähen Sie die Ellbogennähte: Sie gehen von einer Seitennaht direkt oberhalb der Füllung aus und nähen mit

Abb. 36

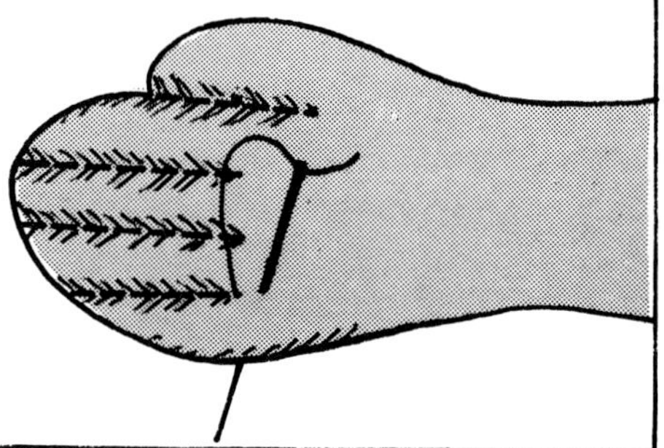

Abb. 37

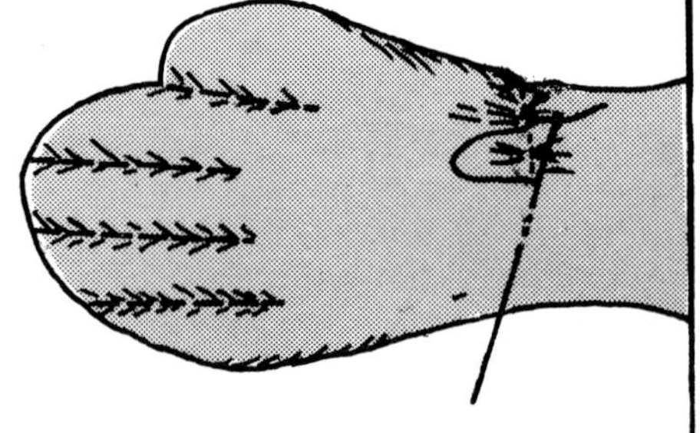

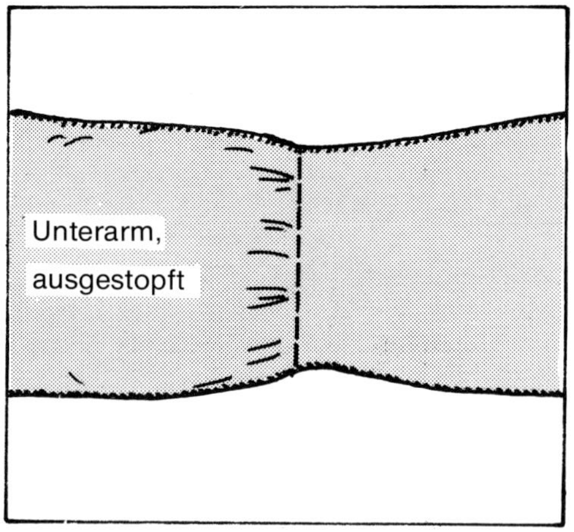

Abb. 38

Schrägstichen quer zur anderen Seitennaht hinüber (siehe Abb. 38). Dann nähen Sie im Abstand von 0,7 cm parallel zur ersten Naht eine zweite Schrägstichnaht. Genauso nähen Sie das Ellbogengelenk des anderen Armes ab.

7. Stopfen Sie die Arme bis 1,3 cm vor der Öffnung aus und nähen Sie sie wie zuvor mit einer Schrägstichnaht ab.
8. Dann nähen Sie die Oberkanten der beiden Arme von rechts an den noch nicht ausgestopften Körper an (siehe Abb. 39).
9. Anschließend wird der Körper nach links gewendet.

Abb. 39

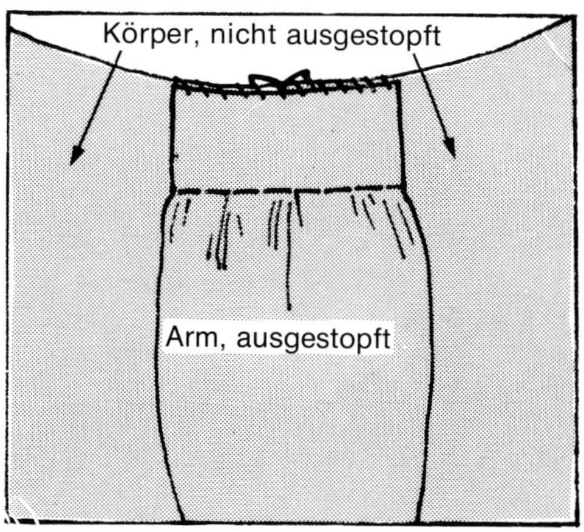

Körper, Kopf und Schultern

1. Schieben Sie das Kopfteil so in den Rumpf, daß die untere Kopf-Schulter-Kante rechts auf rechts liegend mit der oberen Rumpfkante abschließt, und nähen Sie beide Teile von links mit Vorstichen zusammen.
2. Wenden Sie den Körper nach rechts und übernähen Sie die Naht auf der rechten Seite mit überwendlichen Stichen.
3. Stopfen Sie Kopf und Schultern ganz stramm aus. Achten Sie darauf, daß der Hals sehr fest gestopft wird und seine Form behält, sonst wackelt der Kopf.
4. Stopfen Sie dann den Körper so fest wie möglich aus.
5. Schlagen Sie die Unterkanten des Kör-

Abb. 40 + 41 (rechts). Anne von vorne und von der Seite. Die Gelenke sind abgesteppt.

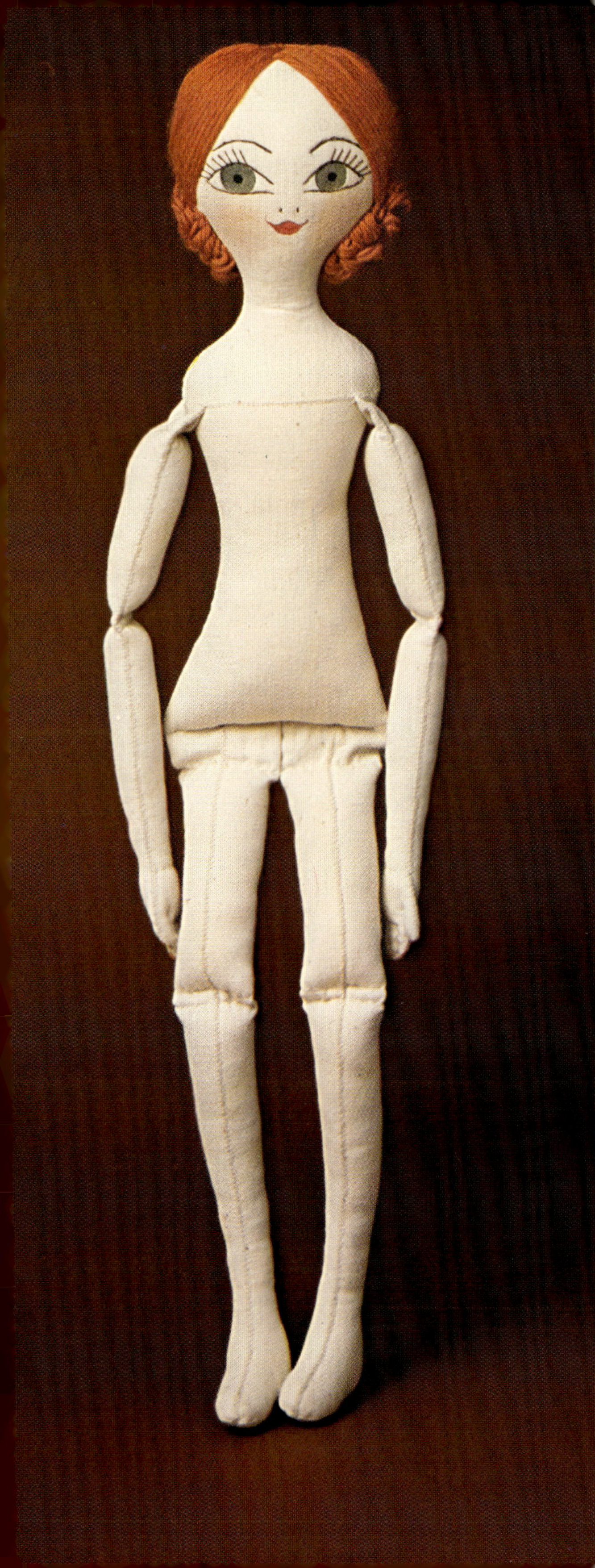

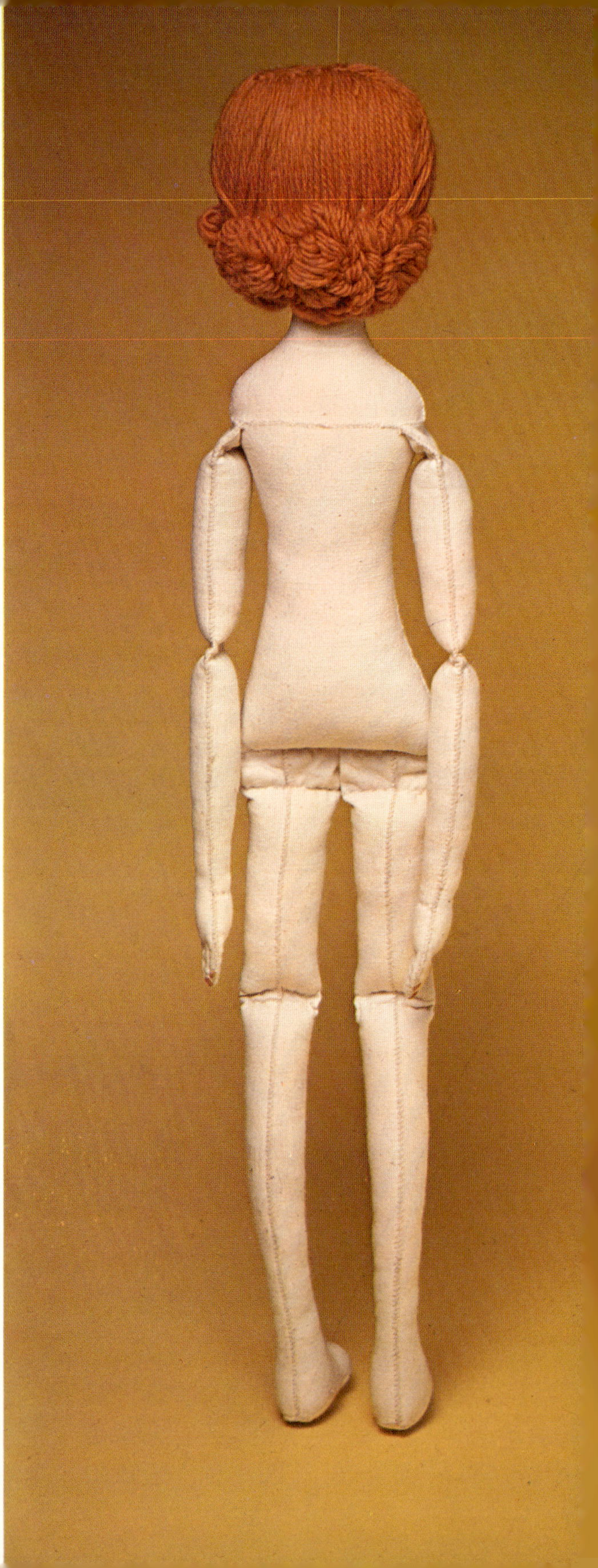

Abb. 42 + 43 (links). Anne von der Seite und von hinten. Die Gelenke sind abgesteppt.

pers knappkantig nach links ein und nähen Sie Vorder- und Rückseite des Körpers mit überwendlichen Stichen von einer Seitennaht zur anderen zusammen.

Die Beine

1. Stopfen Sie Füße und Beine bis zu den Knien aus.
2. Dann nähen Sie die Knienähte: Legen Sie bei einem Bein die vordere und die rückwärtige Naht in der Mitte des Knies aufeinander und nähen Sie mit Schrägstichen von einer Seite zur anderen quer über das Bein (siehe Abb. 44).
3. Nähen Sie im Abstand von 0,7 cm eine zweite Naht parallel zur ersten.
4. Stopfen Sie das Bein bis 2,5 cm vor der Öffnung aus und nähen Sie es – wie schon am Knie – mit einer Schrägstichnaht ab.
5. Schlagen Sie die Kanten der Öffnung 0,5 cm breit nach links ein und nähen Sie sie mit überwendlichen Stichen zusammen.
6. Ebenso wird das andere Bein fertig ausgestopft und genäht.
7. Dann werden die Oberkanten der Beine mit überwendlichen Stichen zuerst vorne, dann hinten an die untere Körperkante genäht (siehe Abb. 45).

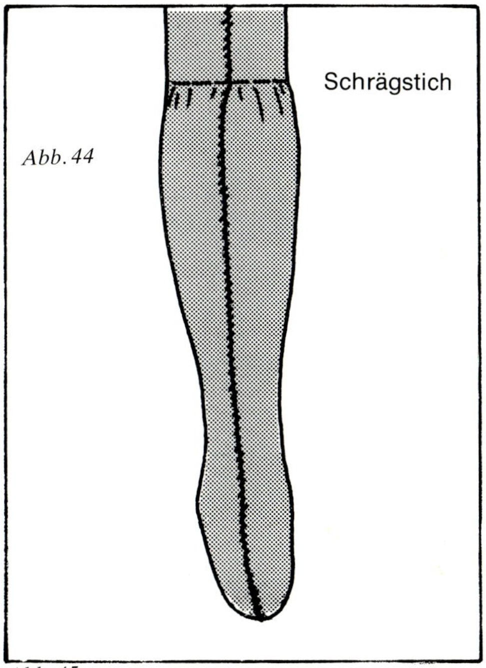

Abb. 44

Abb. 45

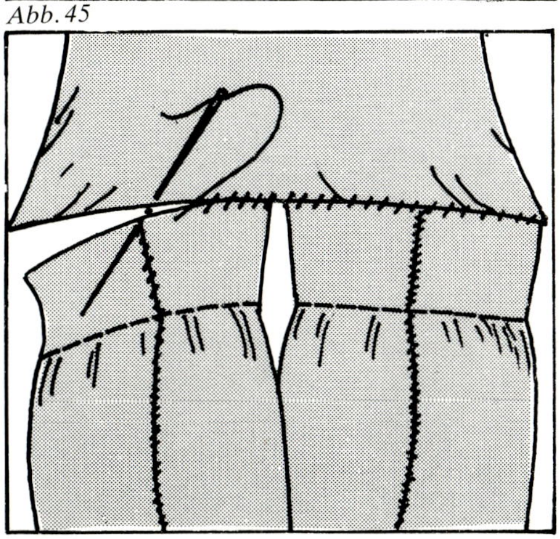

Gesicht und Haare

Gestalten Sie Gesicht und Haare nach den Hinweisen in Kapitel „Gesicht und Haare“ (auf Seite 16ff.).
Zuletzt bemalen Sie noch die Fingerspitzen mit rosa Nagellack.

Die Kleidung

Nach den Grundschnitten für die Kleidung können Sie Ihre Puppe ganz nach Ihren eigenen Vorstellungen ausstatten: Wenn Sie die Uniform aus einem blauen Stoff nähen, wird aus dem Gardesoldaten ein Polizist; wenn Sie gemusterten Stoff verwenden, entsteht ein Hosenanzug für ein Puppenmädchen. Wenn Sie die Schnitteile verlängern, wird aus der Jacke ein Mantel und aus der Bluse ein Nachthemd. Auch das Kleid können Sie beliebig kürzen oder verlängern – von ganz kurz bis bodenlang. Wenn Sie einen Strandanzug nähen wollen, verwenden Sie das Kleidoberteil als Oberteil und kürzen den Hosenschnitt auf die Länge von Shorts.

Kleidung des Mädchens (Abb. 49)

Stoffverbrauch und Zutaten

Unterrock und Höschen
40 cm weißer Batist
Vier kleine weiße Knöpfe
1,20 m schmale weiße Spitze

Ärmelloses Kleid
50 cm bedruckter Baumwollstoff
Zwei farblich passende Knöpfe
75 cm Band

Bluse
25 cm einfarbige Popeline
Vier kleine, farblich passende Knöpfe
25 cm Gummiband, 0,5 cm breit

Stiefel
Kleine Lederstücke
1 m schmales Band

Zuschneiden

Schneiden Sie den Stoff nach der Anleitung auf den Seiten 27 und 28 zu.

Nähen

Nähen Sie im Abstand von 0,5 cm an den Schnittkanten entlang.

Unterrock

Das Oberteil

1. Sie nähen zunächst zwei getrennte Oberteile, von denen eines später als Futter dient: Schließen Sie zuerst alle Schulternähte mit Steppstichen und bügeln Sie die Nähte auf.
2. Legen Sie die beiden Oberteile rechts auf rechts und nähen Sie sie entlang der beiden hinteren Mittelkanten und um den Halsausschnitt mit kleinen Vorstichen zusammen.
3. Schließen Sie die Seitennähte von Oberteil und Futter – jeweils für sich – mit Steppstichen. Das Oberteil wird nach rechts gewendet und gebügelt.
4. Für die Versäuberung der Armausschnitte schneiden Sie einen 1,3 cm breiten Schrägstreifen zu. Bügeln Sie die Schnittkanten des Schrägstreifens nach links um und fassen Sie die beiden Armlöcher ein (siehe Abb. 46).

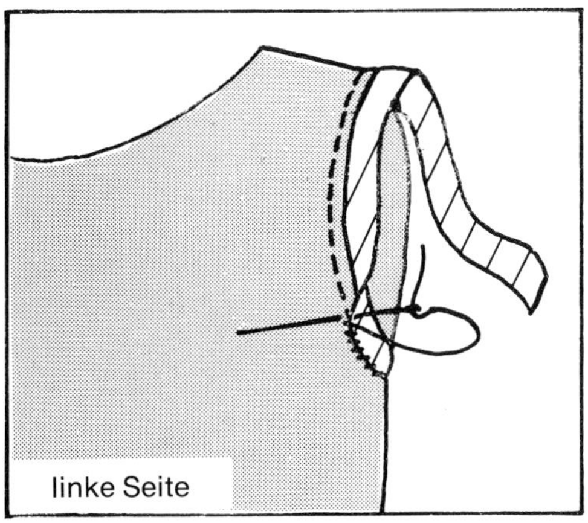

Abb. 46

Der Rock

1. Schneiden Sie für den Rock ein Stück Stoff von 25,5 × 45,5 cm und für die Rüsche einen langen Streifen von 6,5 × 76 cm zu.
2. Kräuseln Sie eine Längskante der Rüsche mit Vorstichen auf die Rockweite ein und nähen Sie die beiden Teile mit Steppstichen zusammen.
3. Legen Sie diese Naht vor sich hin, falten Sie den Rockstoff über die Naht und säumen Sie die Unterkante dieser Falte an der Naht an (siehe Abb. 47).
4. Nähen Sie die hintere Mittelnaht des

Abb. 47
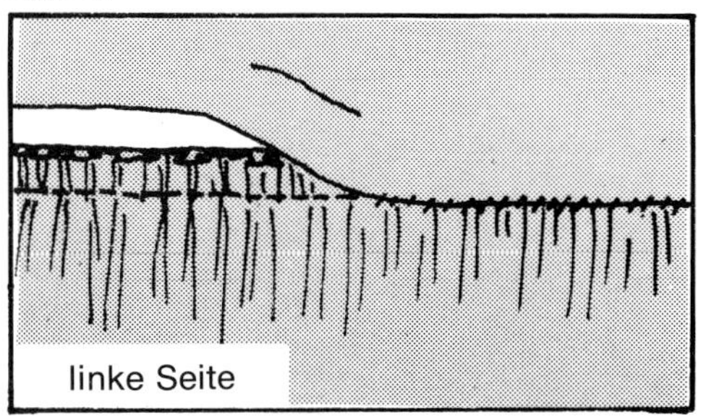

Rockes und der Rüsche mit einer französischen Naht (siehe Seite 24) zusammen. Dabei bleibt an der Taille ein Schlitz von 12,5 cm offen. Die Schlitzkanten werden zweimal nach innen umgeschlagen und angesäumt (siehe Seite 24, Abb. 25).

5. Die Oberkante des Rockes wird auf die Oberteilweite eingekräuselt und mit Steppstichen an das Oberteil gesetzt; das Oberteilfutter wird dabei nicht miterfaßt (s. S. 25 f., Abb. 29 und 30).
6. Die Unterkante des Futters wird nach innen eingeschlagen und so an der Steppstichnaht angesäumt, daß die Schnittkanten innen liegen.
7. Nähen Sie an eine hintere Kante des Oberteils in gleichen Abständen drei Schlingen (siehe Seite 27) und an die andere Kante drei Knöpfe.
8. Nähen Sie am Rock, direkt über der Rüsche, mit kleinen Vorstichen von rechts drei Biesen ab (siehe Abb. 48) und bügeln Sie sie zum Saum hin.
9. Dann wird der Rock gewendet und die Rüsche gesäumt.
10. Zuletzt besetzen Sie den Rüschensaum unten rundherum mit Spitze.

Abb. 48

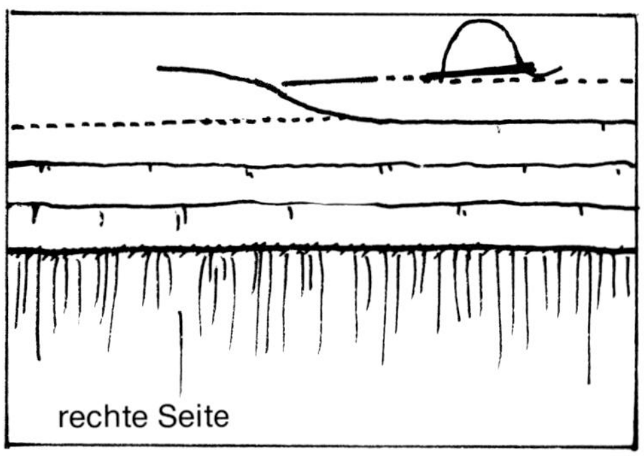

Höschen

1. Schließen Sie die hintere Mittelnaht mit einer französischen Naht. Dann werden die inneren Beinnähte mit einer durchgehenden französischen Naht geschlossen. Die beiden mittleren Vorderkanten und die unteren Beinkanten werden jeweils zweimal knappkantig nach links umgeschlagen und angesäumt.
2. Für den Bund schneiden Sie einen Schrägstreifen von 2 × 12,5 cm zu.
3. Die Oberkante des Höschens wird mit Vorstichen eingekräuselt und der Puppe angepaßt. Der Schrägstreifen wird rechts auf rechts liegend auf der Kräuselnaht mit Steppstichen an das Höschen genäht.
4. Nun wird der Schrägstreifen über die Oberkante des Höschens nach innen gefaltet, seine Unterkante wird umgeschlagen und angesäumt. Die beiden Enden des Streifens werden für sich nach innen geschlagen und mit überwendlichen Stichen versäubert.
5. Als Schlitzverschluß nähen Sie an die eine Seite der Vorderkante eine Schlinge, an die andere einen Knopf.
6. Anschließend werden die Hosenbeine unten noch mit Spitze besetzt.

Bluse

1. Sie nähen zunächst zwei getrennte Blusenoberteile (eins davon dient später als Futter): Verbinden Sie jeweils die Schulter- und Seitennähte mit Steppstichen und bügeln Sie die Nähte auf.
2. Nähen Sie die beiden Oberteile rechts auf rechts liegend am Hals und entlang der hinteren Mittelkanten mit kleinen Vorstichen zusammen. Dann wird das Oberteil nach rechts gewendet und gebügelt.
3. Schließen Sie die Ärmelnähte mit französischen Nähten und bügeln Sie die Nähte nach einer Seite.
4. Kräuseln Sie die Ärmel entlang der Armkugeln so weit ein, daß sie in die Armausschnitte passen, und nähen Sie die Ärmel mit Steppstichen an das Oberteil. Das Futter wird dabei nicht miterfaßt (siehe Seite 25f.). Wenden Sie Oberteil und Ärmel nach links und säumen Sie das Futter rund um die Armlöcher so an, daß die Nahtzugabe innen liegt.
5. Die Unterkante der Bluse wird nach innen eingeschlagen und von rechts mit kleinen überwendlichen Stichen zusammengenäht.
6. Nähen Sie an den unteren Kanten der Ärmel je einen 0,7 cm breiten Saum, ziehen Sie Gummiband in passender Länge ein, nähen sie die Enden zusammen und schließen Sie die Saumnaht.
7. Dann werden in gleichmäßigen Abständen an die eine Seite der hinteren Blusenkante vier Schlingen genäht und an die andere die Knöpfe.

Ärmelloses Kleid

Das Oberteil

1. Sie brauchen auch hier zwei Oberteile, von denen eines später als Futter dient: Schließen Sie die Schulternähte mit Steppstichen und bügeln Sie die Nähte auf.
2. Legen Sie die beiden Oberteile rechts auf rechts und nähen Sie sie entlang der beiden hinteren Mittelkanten und um den Halsausschnitt mit Steppstichen zusammen. Schneiden Sie an beiden Stofflagen die Nahtzugabe an den Ecken vorsichtig ein.
3. Schließen Sie die Seitennähte von Oberteil und Futter – jeweils für sich – mit Steppstichen. Dann wird das Oberteil nach rechts gewendet und gebügelt.
4. Schlagen Sie am Oberteil und am Futter die Armausschnitte knappkantig nach innen um und nähen Sie die Kanten von rechts mit überwendlichen Stichen zusammen.

Der Rock

1. Schneiden Sie für den Rock einen Stoffstreifen von 14 × 45,5 cm und für die Rüsche einen Streifen von 11,5 × 81 cm zu.
2. Kräuseln Sie eine Längskante der Rüsche mit Vorstichen auf die Rockweite ein und nähen Sie die beiden Teile links

auf links liegend mit Steppstichen zusammen.
3. Bügeln Sie diese Naht zur Taille hin.
4. Stecken Sie das Band rundherum auf die Naht und säumen Sie es entlang beider Längskanten über der Naht an.
5. Die hintere Mittelnaht des Rockes wird mit einer französischen Naht geschlossen, dabei bleibt an der Taille ein Schlitz von 13 cm offen. Die Schlitzkanten werden zweimal nach innen umgeschlagen und angesäumt.
6. Kräuseln Sie die Oberkante des Rockes auf die Oberteilweite ein und nähen Sie Rock und Oberteil rechts auf rechts liegend mit Steppstichen auf der Kräuselnaht zusammen. Das Futter wird dabei nicht miterfaßt. Schlagen Sie die Unterkante des Futters nach innen ein und säumen Sie sie so am Rock an, daß die Nahtzugabe innen liegt.
7. Nähen Sie an eine rückwärtige Kante des Oberteils zwei Schlingen und an die andere Kante zwei Knöpfe.
8. Zuletzt wird der Rock gewendet, die untere Rockkante gesäumt und das fertige Kleid gebügelt.

Stiefel
1. Nähen Sie an beiden Stiefeln auf der rechten Seite mit überwendlichen Stichen die vordere und die hintere Naht und setzen Sie die Sohlen ein.
2. Stechen Sie an den auf dem Schnittmuster angegebenen Stellen mit einer dikken Stopfnadel Löcher für die Schnürsenkel ein.
3. Nähen Sie die Stiefelzungen an.
4. Ziehen Sie Ihrer Puppe die Stiefel an. Dann werden mit der Stopfnadel die Bänder eingezogen und zu Schleifen gebunden.

Uniform des Gardesoldaten (Abb. 49)

Stoffverbrauch und Zutaten

Hose
25 cm schwarze Popeline
Ein kleiner roter Knopf
50 cm schmales rotes Band

Bärenfellmütze
Ein kleines Stück schwarzer Webpelz
25 cm schmales schwarzes Band
Eine weiße Feder

Abb. 49. Annes „Geschwister“

Uniformjacke
25 cm Popeline in kräftigem Rot
Vier kleine weiße Knöpfe

Stiefel
Kleine Stücke schwarzes Lackleder

Gürtel
Ein schmaler Streifen weißes Lackleder

Zuschneiden

Schneiden Sie den Stoff nach der Anleitung auf den Seiten 27 und 28 zu.

Nähen

Nähen Sie im Abstand von 0,5 cm an den Schnittkanten entlang.

Jacke

1. Sie nähen zunächst zwei getrennte Jakkenoberteile, von denen eines später als Futter dient: Schließen Sie mit Steppstichen die Schulter- und Seitennähte und bügeln Sie die Nähte auf.
2. Nähen Sie Jacke und Futter rechts auf rechts liegend entlang der beiden Vorderkanten und um den Halsausschnitt mit Steppstichen zusammen. Dann wird die Jacke gewendet und gebügelt.
3. Schließen Sie die Ärmelnähte mit französischen Nähten (siehe Seite 24) und bügeln Sie die Nähte nach einer Seite.
4. Die Ärmel werden entlang der Armkugeln mit Vorstichen so weit eingekräuselt, daß sie in die Armausschnitte passen. Anschließend werden die Ärmel mit Steppstichen eingesetzt. Das Futter wird dabei nicht miterfaßt (siehe Seite 25f.). Wenden Sie Jacke und Ärmel nach links, schlagen Sie die Armlochkanten des Futters nach innen ein und säumen Sie sie über den Nahtzugaben an.
5. Wenden Sie die Jacke nach rechts.
6. Die Unterkanten an Jacke und Futter werden nach innen eingeschlagen, festgebügelt und mit überwendlichen Stichen zusammengenäht.
7. Die unteren Kanten der Ärmel werden jeweils zweimal knappkantig nach links umgeschlagen und angesäumt.
8. Nähen Sie an eine Vorderkante der Jacke in regelmäßigen Abständen vier Schlingen und an die andere Vorderkante die Knöpfe.

Hose

1. Schließen Sie die hintere Mittelnaht mit einer französischen Naht. Die beiden mittleren Vorderkanten werden jeweils zweimal schmal nach innen umgeschlagen und angesäumt.
2. Schließen Sie die inneren Beinnähte mit einer durchgehenden französischen Naht.
3. Stecken Sie das rote Band von der Taille bis zum Saum an der Außenseite beider Hosenbeine fest, so daß es in der Mitte der Hosenbeine verläuft, und nähen Sie die beiden Streifen entlang ihrer Längskanten auf.

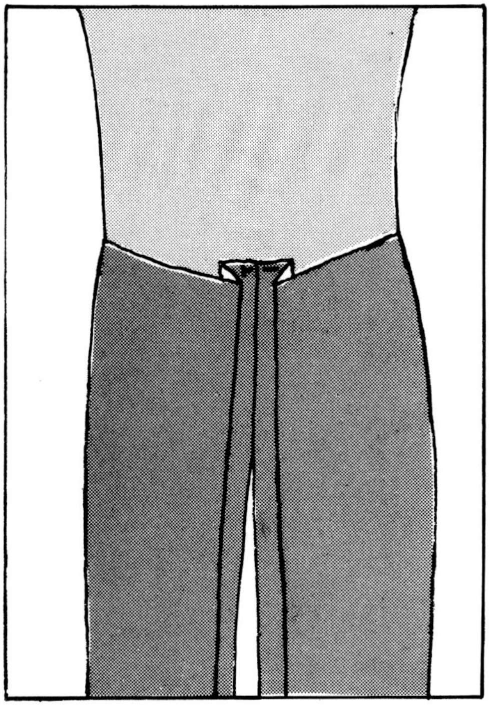

Abb. 50

4. Für den Bund schneiden Sie aus dem Hosenstoff einen 2 cm breiten, in der Länge passenden Schrägstreifen zu.
5. Ziehen Sie Ihrer Puppe die Hose an und stecken Sie die vordere Öffnung an der Taille mit einer Nadel zusammen. Dann legen Sie an der Taillenkante rechts und links von der vorderen Öffnung und rechts und links von der hinteren Mittelnaht jeweils eine tiefe Längsfalte, so daß etwa in der Mitte der Hosenbeine vorne und hinten eine Bundfalte entsteht (siehe Abb. 50).
6. Ziehen Sie der Puppe die Hose wieder aus und halten Sie die Bundfalten mit einer Vorstichnaht rund um die Taille fest.
7. Der Bund wird rechts auf rechts liegend mit Steppstichen an der Hose angenäht und über die Taillenkante der Hose nach links gelegt. Dann wird die Bundkante nach innen umgeschlagen und von links an der Steppstichnaht angesäumt.
8. Die Bundenden werden nach innen eingeschlagen und mit überwendlichen Stichen versäubert. Nähen Sie an ein Ende eine Schlinge und an das andere Ende einen Knopf.
9. Die unteren Beinkanten werden zweimal knappkantig nach links umgeschlagen und angesäumt.

Mütze

1. Nähen Sie die beiden Mützenhälften rechts auf rechts liegend mit überwendlichen Stichen zusammen. Die Unterkante wird schmal nach innen umgeschlagen und angesäumt.
2. Nähen Sie an einer Seitennaht auf der Innenseite der Mütze das schmale Band am Saum fest. Probieren Sie Ihrer Puppe die Mütze an, um zu sehen, wie lang das Band sein muß, und nähen Sie dann das andere Ende des Bandes an.
3. Zuletzt wird die Feder an einer passenden Stelle angesteckt und aufgenäht.

Stiefel

1. Legen Sie die Stiefelhälften links auf links und schließen Sie die vordere und die hintere Naht mit überwendlichen Stichen.
2. Prüfen Sie, ob Sie eine rechte und eine linke Stiefelsohle zugeschnitten haben, und setzen Sie die Sohlen ein.
3. Stechen Sie an den auf dem Schnittmuster angegebenen Stellen mit einer dikken Stopfnadel Löcher für die Schnürsenkel ein.
4. Nähen Sie die Stiefelzungen an.
5. Schneiden Sie für die Schnürsenkel zwei schmale Lederstreifen zu. Passen Sie Ihrer Puppe die Stiefel an, ziehen Sie mit einer Häkelnadel die Schnürsenkel ein und binden Sie sie zu Schleifen.

Gürtel

1. Schneiden Sie aus weißem Lackleder einen 0,7 cm breiten Streifen zu; die Länge entspricht der Taillenweite der Puppe plus einem Stück von 2,5 cm, auf dem die Gürtelenden übereinanderliegen.
2. Außerdem schneiden Sie aus dem Leder zwei Streifen von $0{,}7 \times 1{,}3$ cm zu, die Sie an den Schmalseiten zu zwei Gürtelschlaufen zusammennähen. Stecken Sie die beiden Schlaufen auf ein Ende des Gürtels. Ziehen Sie Ihrer Puppe den Gürtel an und schieben Sie das andere Gürtelende durch die Schlaufen, so daß der Gürtel nicht mehr aufgeht.

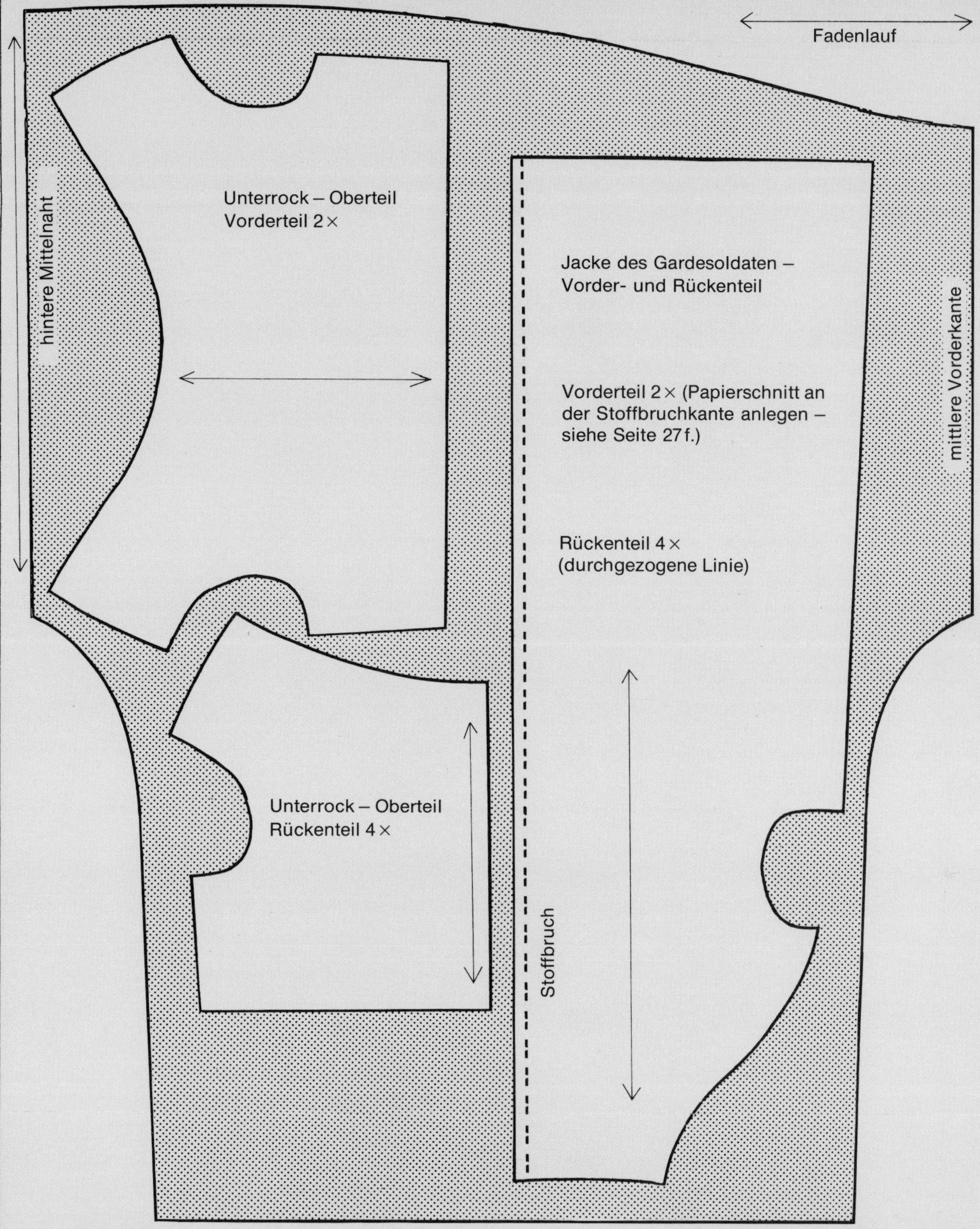

Höschen für das Mädchen 2×

Vor dem Zuschneiden:
Bitte lesen Sie Seite 14 und 15 (Körperschnitt) sowie Seite 27 und 28 (Kleiderschnitt).

Um ein Schnitteil zusammenzusetzen, schieben Sie das Transparentpapier zur nächsten Seite hinüber.

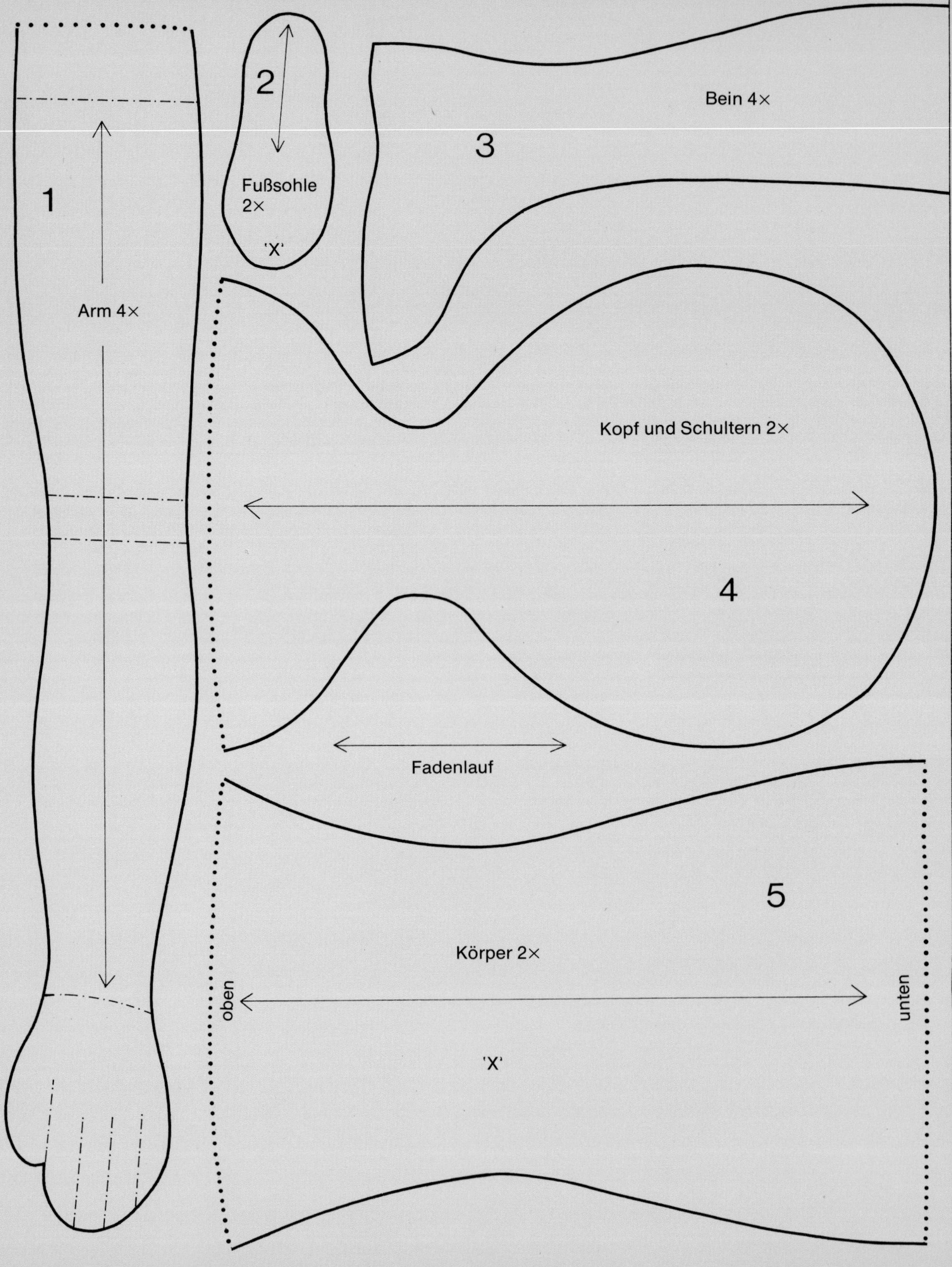

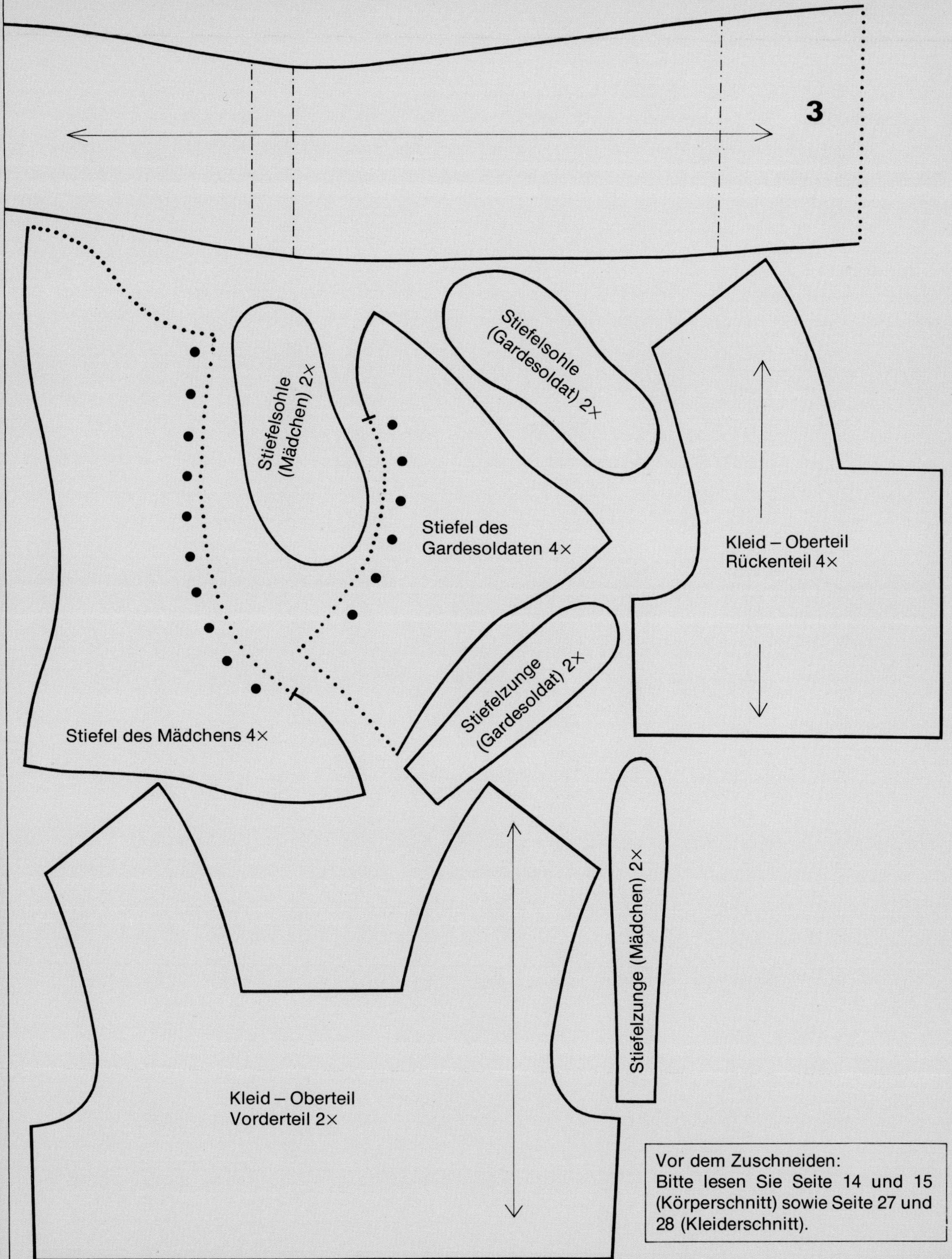

Vor dem Zuschneiden:
Bitte lesen Sie Seite 14 und 15 (Körperschnitt) sowie Seite 27 und 28 (Kleiderschnitt).

Vor dem Zuschneiden:
Bitte lesen Sie Seite 14 und 15 (Körperschnitt) sowie Seite 27 und 28 (Kleiderschnitt).

Rock des Unterrocks: ein Streifen von 25,5 × 45,5 cm und ein zweiter Streifen von 6,5 × 76 cm

Rock des Kleides: ein Streifen von 14 × 45,5 cm und ein zweiter Streifen von 11,5 × 81 cm

Hose des Gardesoldaten 2 ×

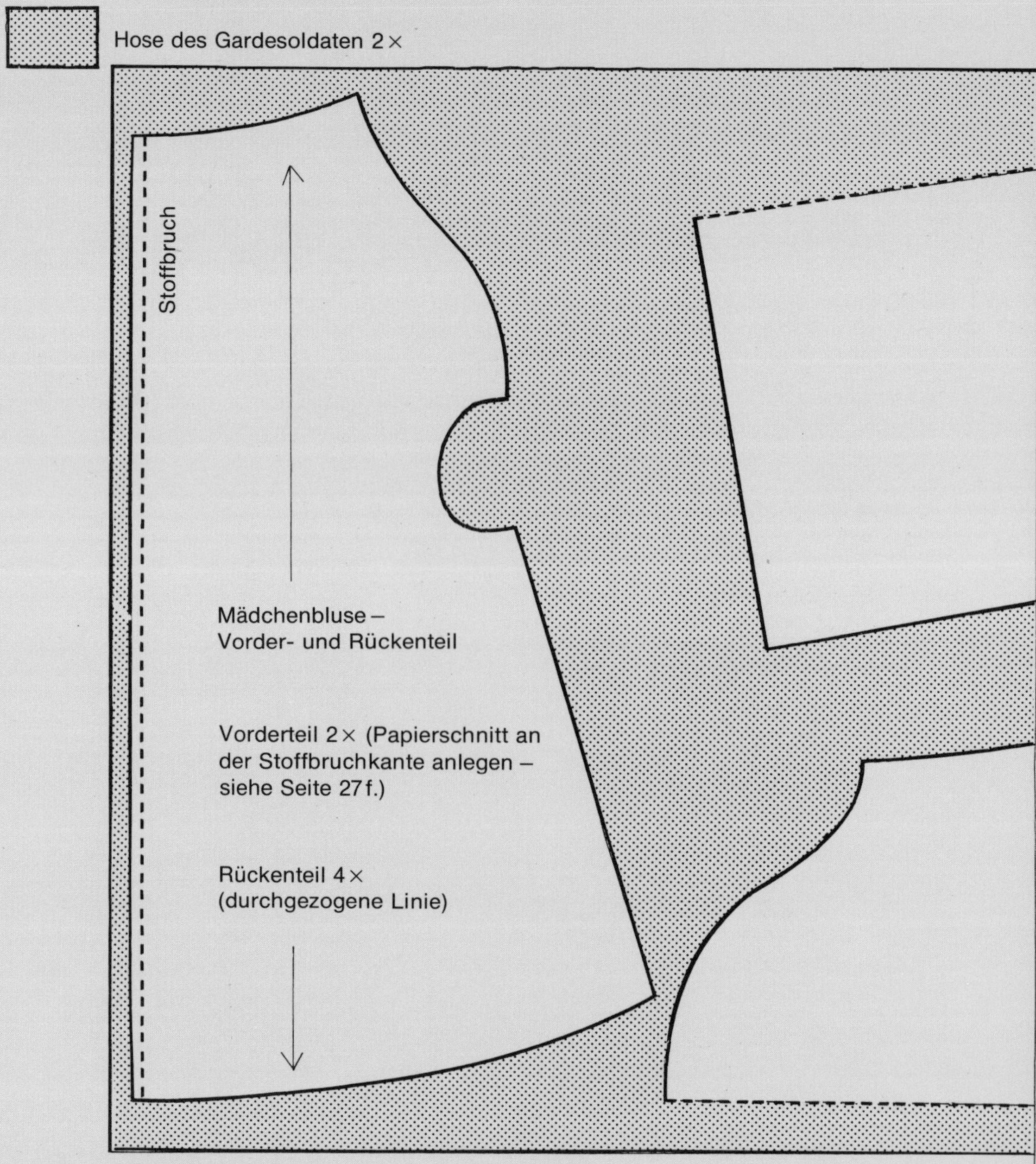

Um ein Schnitteil zusammenzusetzen, schieben Sie das Transparentpapier zur nächsten Seite hinüber.

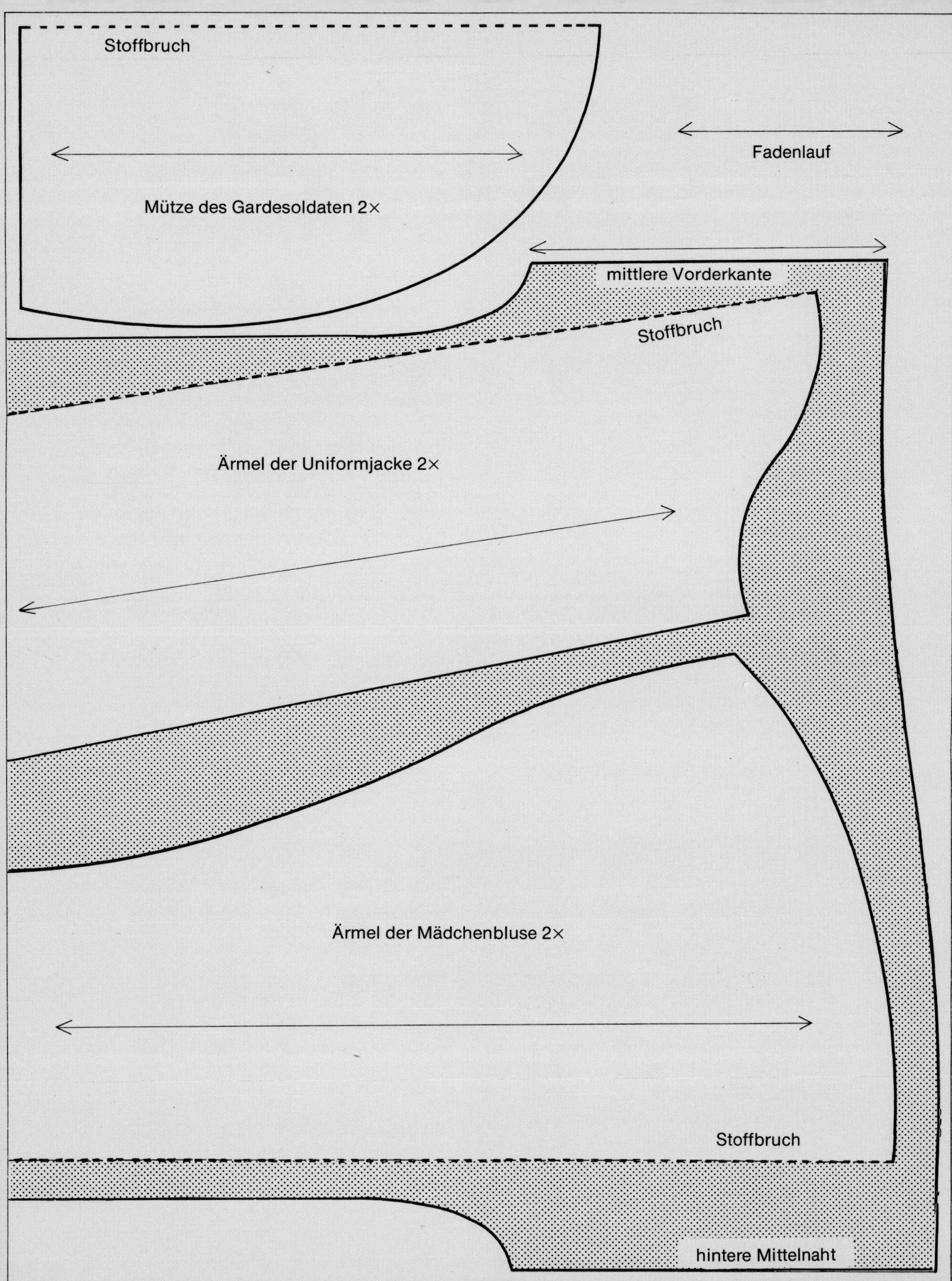
Stoffbruch
Fadenlauf
Mütze des Gardesoldaten 2×
mittlere Vorderkante
Stoffbruch
Ärmel der Uniformjacke 2×
Ärmel der Mädchenbluse 2×
Stoffbruch
hintere Mittelnaht

STEFANIE

Stefanie ist eine Stabpuppe, die sich gut zum Theaterspielen eignet

Größe: 45 cm
Zwei Schnitteile: 6–7 (siehe Seite 59)

Material

25 cm ungebleichter Nessel
200 g Schafwolle
Hellrosa Nähgarn
Garn oder Wolle für die Haare
Stickgarn für Augen und Nase
Blauen, grünen oder braunen Nagellack für die Augen
Rosa Nagellack für Lippen und Fingernägel
Einen Rundstab mit einem Durchmesser von 1,2 cm, 43 cm lang
Leder, um den Stab damit zu überziehen

Vorbilder für diese Puppe sind die französischen „marottes“.
In den späten siebziger Jahren des letzten Jahrhunderts wurden diese „marottes“ von verschiedenen Herstellern in Paris in großer Anzahl inseriert; der bekannteste Hersteller war vermutlich Rabery & Delphieu. Auch in Deutschland wurden solche Puppen hergestellt; sie hießen hier Schlenker- oder Schwenkelpuppen.
Im Original bestanden diese Puppen aus einem Puppenköpfchen mit einer Pierrotmütze, das auf einem gedrechselten Rundstab steckte. Bei den meisten dieser Puppen bestand der Körper nur aus einer zylinderförmigen Spieldose, die unter einem Kleidchen verborgen war und spielte, wenn man die Puppe auf dem Stab drehte. Es gibt daneben einige wenige Exemplare, die einen vollständigen Körper mit Armen und Beinen haben und sehr schön angezogen sind; sie sind jedoch sehr selten.
Alle „musikalischen“ Puppen waren als interessante Neuheiten für Erwachsene und eigentlich nicht für Kinder gedacht. Ich habe daher nur die Grundidee übernommen und danach eine Puppe entworfen, mit der man Theater spielen kann. Da diese Puppen schnell und einfach zu nähen sind, können Sie für ein Kind, das gerne Theater spielt, eine ganze Schauspieltruppe zusammenstellen oder Kindern helfen, sich selbst solche Stabpuppen zu nähen.
Dies ist auch der geeignete Puppentyp, wenn Sie gerne historische Kostüme nacharbeiten möchten.

Zuschneiden

Der Nessel wird nach der Anleitung auf Seite 13f. vorbehandelt und zugeschnitten.

Abb. 51. Aus verschiedenen Stabpuppen können Sie eine ganze Schauspieltruppe zum Theaterspielen zusammenstellen.

Nähen

Legen Sie die Nesselteile rechts auf rechts und nähen Sie mit kleinen Vorstichen (siehe Seite 11f.) auf den Bleistiftlinien entlang.

1. Nähen Sie die vordere und hintere Mittelnaht des Puppenkörpers zusammen.
2. Schließen Sie die beiden Körperhälften bis auf die Unterkante rundherum zusammen.
3. Nähen Sie die Arme zusammen; die Hände werden mit Steppstichen genäht (siehe Seite 11).
4. Schneiden Sie die Nahtzugabe am Hals vorsichtig zwei- oder dreimal ein, damit der Stoff dort keine Falten wirft. Auch an den beiden Händen wird die Nahtzugabe zwischen Daumen und Zeigefingern eingeschnitten.
5. Dann werden alle Teile nach rechts gewendet – für die Daumen verwenden Sie das untere Ende einer Häkelnadel – und die Nähte mit überwendlichen Stichen verstärkt (siehe Seite 12).

Ausstopfen

Lesen Sie bitte, ehe Sie mit dem Ausstopfen beginnen, noch einmal die allgemeinen Hinweise auf Seite 15 durch.

Die Arme

1. Schieben Sie bei beiden Armen etwas Schafwolle in die Vorderhand und stopfen Sie sie fest bis an die vordere Handnaht.
2. Um die Finger herauszuarbeiten, nähen Sie an beiden Händen die drei auf dem Papierschnitt eingezeichneten Linien mit Schrägstichen ab (siehe Seite 12).
3. Schieben Sie etwas Schafwolle in die Handflächen und stopfen Sie sie mit der Häkelnadel fest bis in die Daumen.
4. Nähen Sie die auf dem Papierschnitt angegebenen inneren Handgelenklinien mit kleinen Vorstichen von einer Seite zur anderen ab, und halten Sie den Stoff dabei leicht ein. Faden anschließend gut vernähen.
5. Stopfen Sie die Arme bis zu den Ellbogen fest und glatt aus.

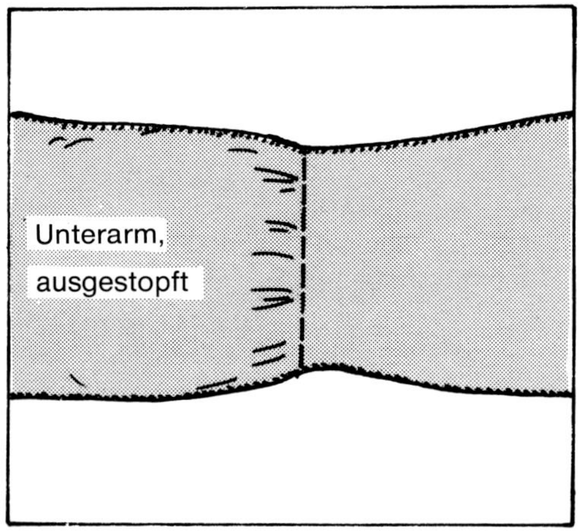

Abb. 52

6. Jetzt nähen Sie die Ellbogennähte: Sie gehen jeweils von einer Seitennaht direkt oberhalb der Füllung aus und nähen mit Schrägstichen quer zur anderen Seitennaht hinüber (siehe Abb. 52).
7. Anschließend werden die Arme bis 2,5 cm vor der Öffnung ausgestopft und wie zuvor mit Schrägstichen abgenäht.
8. Die Oberkanten der Arme werden an der Öffnung 0,5 cm weit nach innen eingeschlagen und mit überwendlichen Stichen zusammengenäht.

Kopf und Körper

1. Stopfen Sie den Kopf bis kurz vor dem Halsansatz fest aus.
2. Schieben Sie den Stab in den Körper und drehen Sie ihn langsam so weit wie möglich in den Kopf hinein.
3. Mit Hilfe der Häkelnadel stopfen Sie dann den Hals mit kleinen Mengen Schafwolle aus, bis er ganz fest und gerade ist.
4. Stopfen Sie den Körper aus und achten Sie dabei darauf, daß der Stab in der Mitte des Körpers liegen muß.
5. Schlagen Sie die unteren Kanten des Körpers nach innen um und nähen Sie Vorder- und Rückseite des Körpers von einer Seitennaht zur anderen mit überwendlichen Stichen zusammen. Der Stoff muß eng um den Stab anliegen.
6. Nähen Sie die Oberkanten der Arme von rechts an den Schultern an (siehe Abb. 53).

Abb. 53

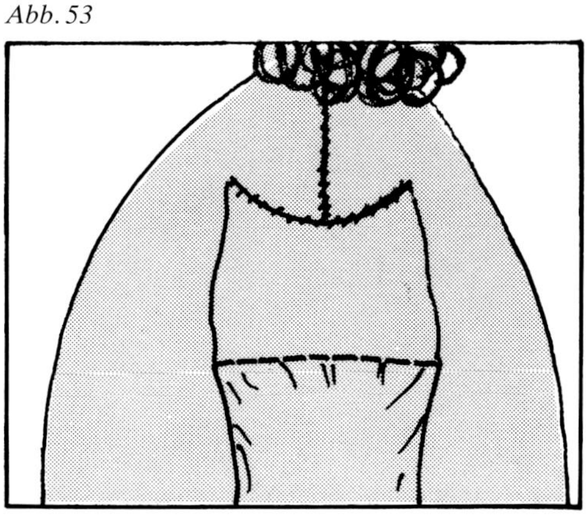

Der Stab

1. Der Stab wird mit einem passend zugeschnittenen Lederstreifen überzogen: Legen Sie den Streifen der Länge nach um den Stab und nähen Sie die Längskanten mit überwendlichen Stichen zusammen.
2. Die Oberkante des Lederstreifens wird am Puppenkörper angenäht.
3. Schneiden Sie aus Leder eine kleine Scheibe aus, die die Unterseite des Stabes bedeckt, und nähen Sie sie mit überwendlichen Stichen rundherum an der Unterkante des Lederstreifens an.

Gesicht und Haare

Gestalten Sie das Gesicht und die Haare nach den Hinweisen in Kapitel „Gesicht

VIOLA

Abb. 54 (links). Stabpuppen

und Haare", Seite 16ff., und bemalen Sie zuletzt die Fingerspitzen mit rosa Nagellack.

Die Kleidung

Ich habe hier nur je einen Grundschnitt für ein Unterrockoberteil, ein Kleidoberteil und für die Ärmel angegeben, denn nach diesen Schnitteilen lassen sich ganz verschiedene Kleider nähen: Sie können zum Beispiel unterschiedliche Stoffarten oder verschiedene Muster wählen und die Kleider durch Spitzen oder Borten verändern. Falls Sie den Halsausschnitt enger oder weiter machen wollen, müssen Sie darauf achten, daß die Schulterschräge erhalten bleibt. Auch die Ärmel können Sie beliebig abwandeln, nur an der Armkugel selbst sollten Sie nichts verändern.

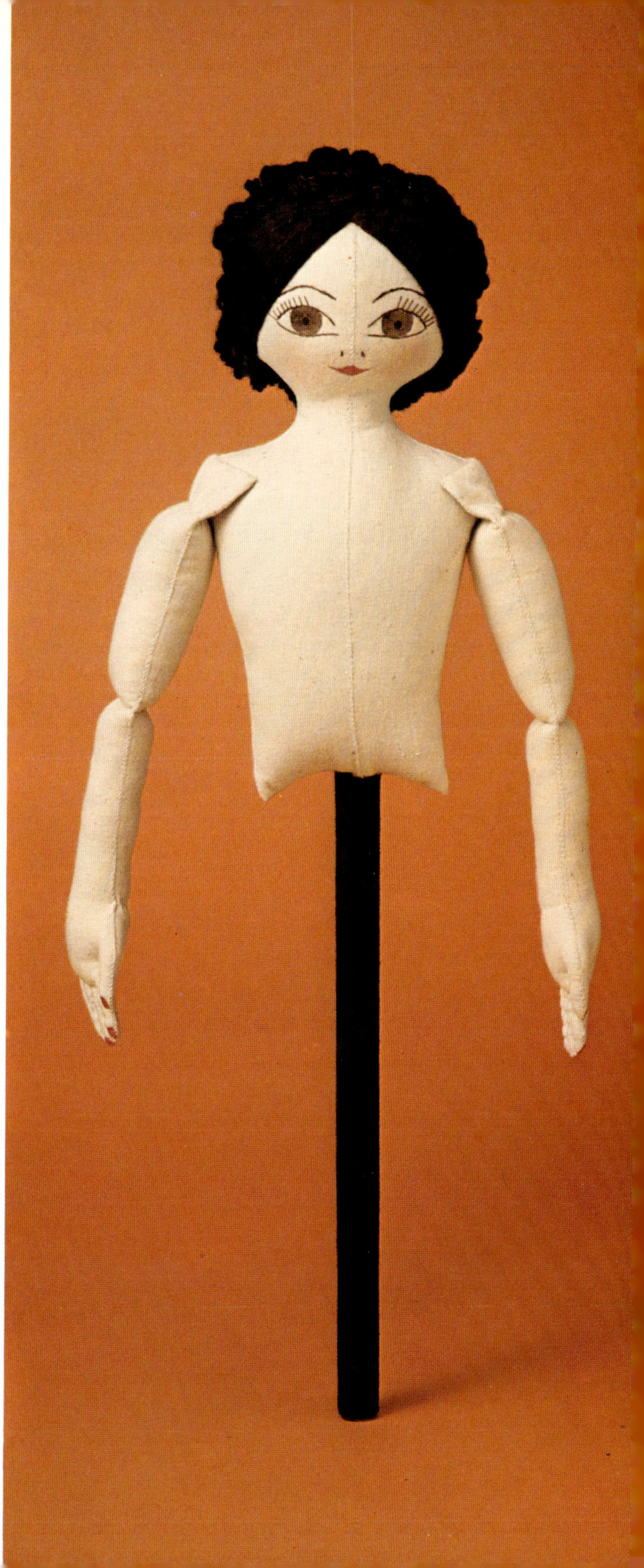

Abb. 55 (rechts). Da Kopf und Rumpf an einem Stück sind, kann man das Gesicht erst gestalten, wenn der Körper fertig genäht und ausgestopft ist.

Langer Unterrock und langes Kleid (Abb. 54)

Stoffverbrauch und Zutaten

Unterrock
40 cm weißer Batist
Drei kleine weiße Knöpfe
60 cm schmale weiße Spitze

Kleid
20 cm einfarbiger Stoff
60 cm gemusterter Stoff
Drei kleine Knöpfe

Zuschneiden

Richten Sie sich beim Zuschneiden der Kleidung nach der Anleitung auf den Seiten 27 und 28.

Nähen

Nähen Sie im Abstand von 0,5 cm an den Schnittkanten entlang.

Unterrock
Das Oberteil

1. Sie nähen zunächst zwei getrennte Oberteile, von denen eines dann das Futter bildet: Schließen Sie die Schulter- und Seitennähte mit Steppstichen.
2. Bügeln Sie die Nähte auf.
3. Legen Sie die beiden Oberteile rechts auf rechts und nähen Sie sie entlang der

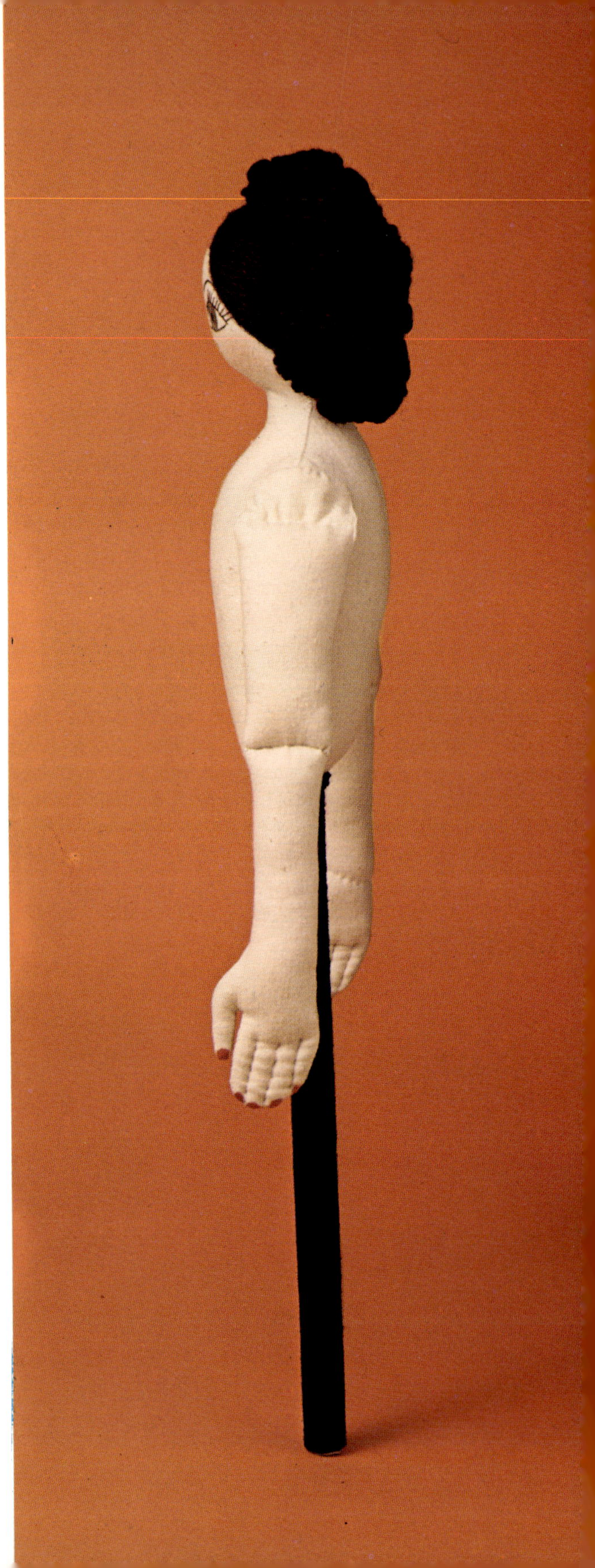

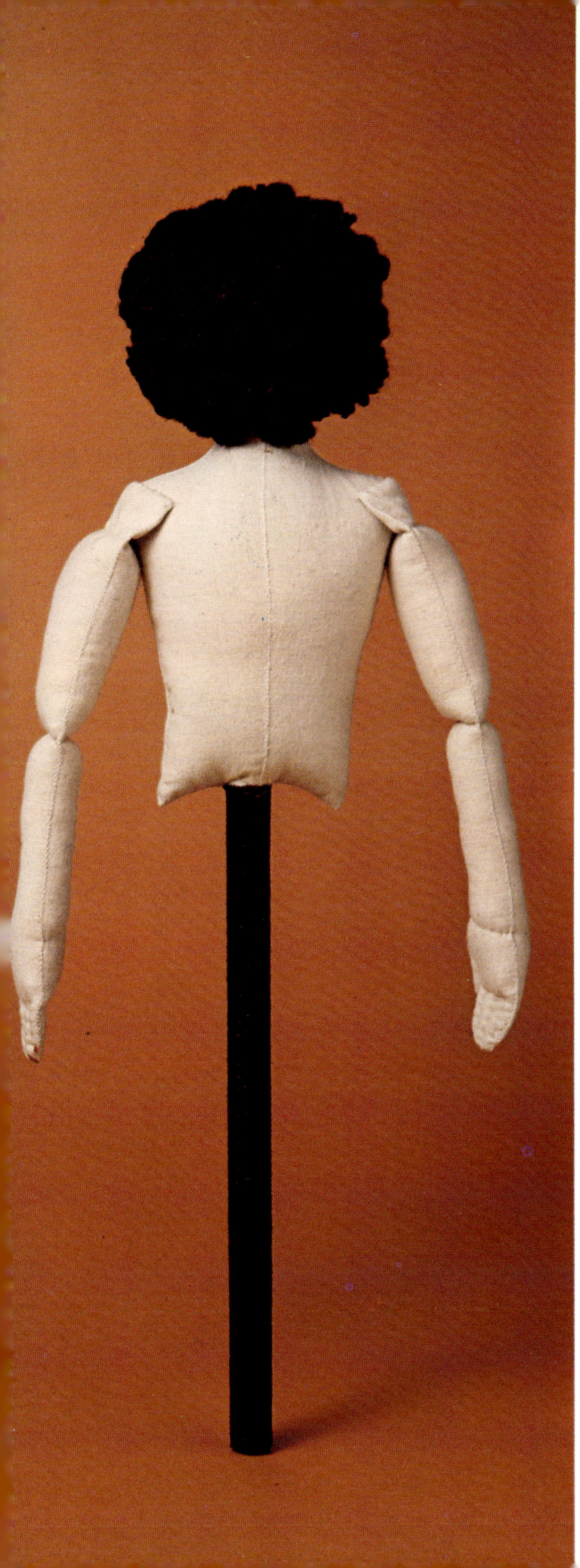

Abb. 56 (links). Durch die Form des Rumpfes wirkt die Stoffpuppe angezogen sehr lebensecht.

Abb. 57 (rechts). Die Arme werden so an den Schultern angenäht, daß sie frei herunterhängen.

beiden hinteren Mittelkanten und rund um den Halsausschnitt mit kleinen Vorstichen zusammen. Dann wird das Oberteil nach rechts gewendet und gebügelt.

4. Schneiden Sie aus dem Unterrockstoff einen 1,3 cm breiten Schrägstreifen zu, bügeln Sie die Längskanten knapp nach einer Seite um und fassen Sie die Armausschnitte damit ein.

Der Rock

1. Schneiden Sie einen Stoffstreifen von 24×56 cm zu.
2. Nähen Sie die Schmalkanten mit einer französischen Naht (siehe Seite 24) zusammen und lassen Sie dabei oben 12,5 cm für den Schlitz offen.
3. Die Schlitzkanten werden zweimal nach innen umgeschlagen und angesäumt.
4. Die Oberkante des Rockes wird mit Vorstichen auf die Weite des Oberteils eingekräuselt und mit Steppstichen an das Oberteil genäht; das Futter wird dabei nicht miterfaßt (siehe Seite 25f.). Die Unterkante des Futters wird nach innen umgeschlagen und so angesäumt, daß die Nahtzugabe innen liegt.

5. Nähen Sie an eine rückwärtige Kante des Oberteils in gleichmäßigen Abständen drei Schlingen und an die andere Kante die Knöpfe.
6. Dann wird der Rock gesäumt und unten am Saum rundherum Spitze angesetzt. Zuletzt wird der Unterrock gebügelt.

Kleid

Das Oberteil

1. Für das Kleid nähen Sie zuerst zwei getrennte Oberteile, von denen eines später als Futter dient: Nähen Sie die Schulter- und Seitennähte mit Steppstichen zusammen und bügeln Sie sie auf.
2. Nähen Sie die beiden Oberteile rechts auf rechts entlang der beiden hinteren Mittelkanten und um den Halsausschnitt mit kleinen Vorstichen zusammen.
3. Dann wird das Oberteil nach rechts gewendet und gebügelt.
4. Schließen Sie die Ärmelnähte mit einer französischen Naht und bügeln Sie die Nähte nach einer Seite.
5. Die Ärmel werden entlang der Armkugeln mit kleinen Vorstichen eingekräuselt, an die Armausschnitte des Oberteils angepaßt und mit Steppstichen eingesetzt. Das Futter wird nicht miterfaßt (siehe Seite 25f.).
6. Wenden Sie Oberteil und Ärmel nach links und säumen Sie das Futter rund um die Armausschnitte so an, daß die Nahtzugabe innen liegt.
7. Die unteren Kanten der Ärmel werden jeweils zweimal schmal nach innen umgeschlagen und angesäumt.

Der Rock

1. Schneiden Sie einen Stoffstreifen von 29 × 92 cm zu.
2. Nähen Sie die hintere Mittelnaht mit einer französischen Naht bis auf eine Öffnung von 12,5 cm zusammen. Die Schlitzkanten werden zweimal knappkantig nach innen umgeschlagen und angesäumt.
3. Die Oberkante des Rockes wird mit Vorstichen auf die Weite des Oberteils eingekräuselt und mit Steppstichen an das Oberteil genäht, wobei das Futter nicht miterfaßt wird.
4. Schlagen Sie die Unterkante des Futters nach innen um und säumen Sie sie so am Rock an, daß die Nahtzugabe innen liegt.
5. Nähen Sie an eine hintere Kante des Oberteils in gleichmäßigen Abständen drei Schlingen und an die andere Kante die Knöpfe.
6. Zuletzt wird der Rock gewendet, die untere Rockkante gesäumt und das fertige Kleid gebügelt.

Um ein Schnitteil zusammenzusetzen, schieben Sie das Transparentpapier zur nächsten Seite hinüber.

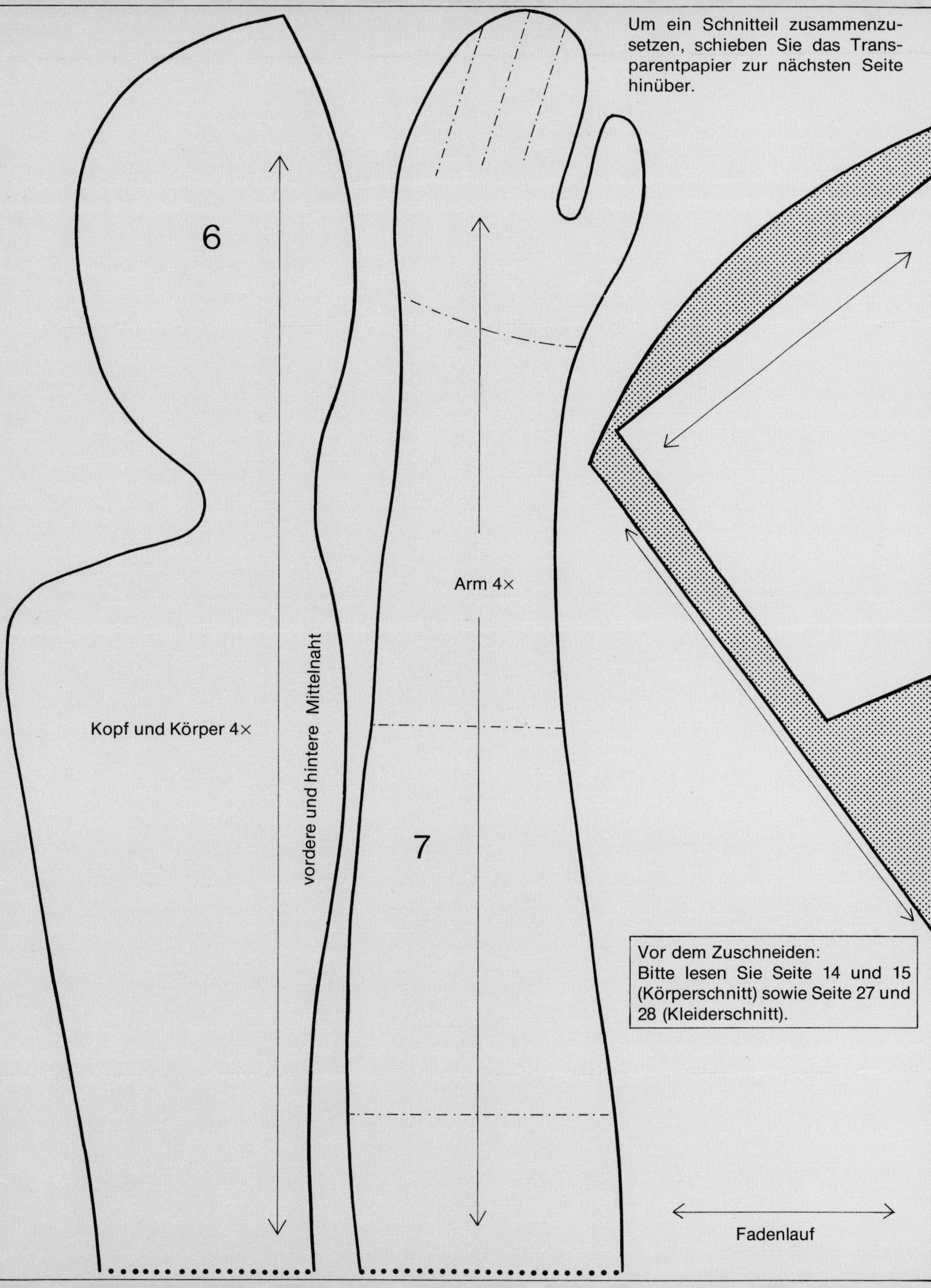

Vor dem Zuschneiden:
Bitte lesen Sie Seite 14 und 15 (Körperschnitt) sowie Seite 27 und 28 (Kleiderschnitt).

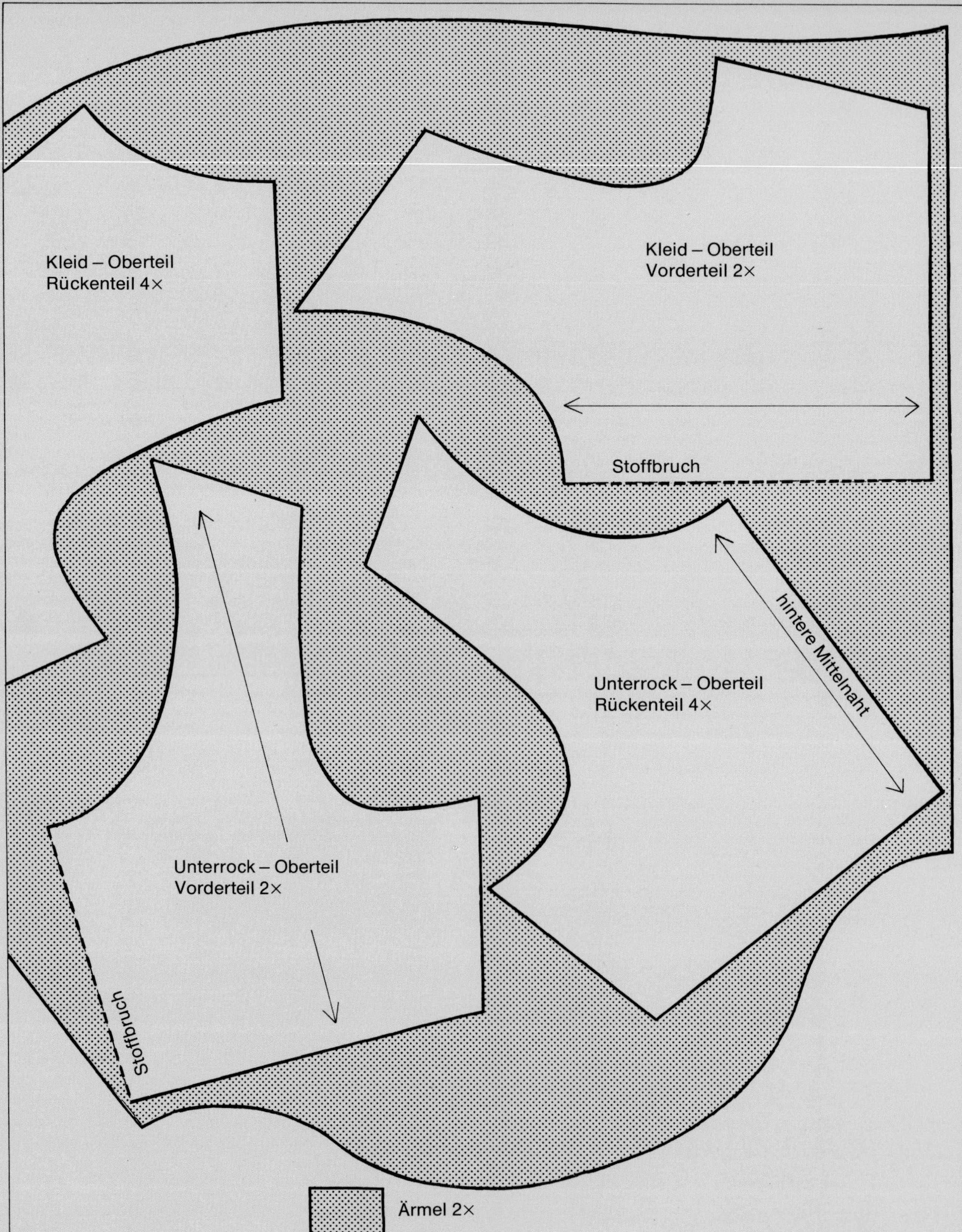

Rock des Unterrocks: ein Streifen von 24 × 56 cm
Rock des Kleides: ein Streifen von 29 × 92 cm

TINA

Tina ist eine temperamentvolle Puppe mit Knopfgelenken und einzeln beweglichen Gliedern

Größe: 45 cm
Acht Schnitteile: 8 – 9 – 10 – 11 – 12 – 13 – 14 – 15 (siehe Seite 72–75)

Material

40 cm ungebleichter Nessel
250 g Schafwolle
Hellrosa Nähgarn
50 cm Gummiband, 0,5 cm breit
Vier kräftige Knöpfe mit Steg
(∅ ca. 1,5 cm)
Garn oder Wolle für die Haare
Stickgarn für Augen und Nase
Blauen, grünen oder braunen Nagellack für die Augen
Hellrosa Nagellack für Lippen und Fingernägel

Bei dieser Puppe habe ich auf eine alte Gelenkkonstruktion zurückgegriffen, bei der Arme und Beine mit Gummiband und kräftigen Stegknöpfen am Körper befestigt werden. Dadurch lassen sich die Glieder einzeln bewegen und im Kreis drehen, und sie behalten jede Stellung bei. Durch die abgewinkelten Arme und Beine wirkt dieser Puppentyp besonders natürlich und lebhaft. Er eignet sich daher sehr gut, wenn Sie einen Jungen oder ein Baby darstellen wollen. Wenn Ihre Puppe allerdings für ein Kleinkind gedacht ist, das möglicherweise etwas grob mit ihr umgeht, sollten Sie Arme und Beine an den Ellbogen und Knien nicht so stark abwinkeln, denn sie sind dann robuster. Wenn Sie die Winkel an den Knien und Ellbogen ändern wollen, pausen Sie zunächst nur die untere Hälfte des Schnittteils ab. Dann drehen Sie das Schnittmuster so weit, bis Sie den gewünschten Winkel haben – Knie- oder Ellbogengelenk dürfen sich dabei nicht verschieben! – und pausen es fertig durch.
Wenn die Puppe rundlicher und kleinkindhafter wirken soll, können Sie die Glieder vom Handgelenk, beziehungsweise vom Knöchel aufwärts dicker machen.

Zuschneiden

Der Nessel wird nach der Anleitung auf Seite 13f. vorbehandelt und zugeschnitten.

Nähen

Legen Sie die Teile rechts auf rechts und nähen Sie mit kleinen Vorstichen auf den Bleistiftlinien entlang (siehe Seite 11f.).

Der Körper
Setzen Sie die beiden Seitenteile rundherum an den Körperzwickel und nähen Sie die Abnäher ab.

Die Beine

1. Schließen Sie – vom unteren Ende der Beinöffnung ausgehend – die hinteren Beinnähte.
2. Dann nähen Sie die Beine – jeweils vom oberen Ende der Öffnung ausgehend – rundherum bis zu den Zehen zusammen.
3. Prüfen Sie, ob Sie eine rechte und eine linke Fußsohle haben, und setzen Sie die Sohlen ein.

Die Arme

1. Nähen Sie die Arme – von einem Ende der Öffnung ausgehend – rundherum zusammen. Die Hände werden mit Steppstichen genäht (siehe Seite 11).
2. Schneiden Sie an beiden Händen die Nahtzugabe zwischen Daumen und Zeigefinger zwei- oder dreimal vorsichtig ein.

Der Kopf

Zuerst werden die Abnäher geschlossen und die vier Kopfteile zusammengenäht. Dann werden alle Teile nach rechts gewendet (für die Daumen nehmen Sie das untere Ende einer Häkelnadel) und alle Nähte mit überwendlichen Stichen verstärkt (siehe Seite 12).

Ausstopfen

Ehe Sie mit dem Ausstopfen beginnen, sollten Sie noch einmal die allgemeinen Hinweise auf Seite 15 durchlesen.

Die Beine

1. Füße und Beine werden bis zum Anfang der Beinöffnung ausgestopft.
2. Dann werden die Beine oberhalb der Öffnung ausgestopft: Achten Sie darauf, daß die Rundung entlang der Naht fest und faltenlos wird, aber stopfen Sie die Oberschenkel nicht zu stramm aus. Sie sollten noch etwas nachgeben, wenn man sie zwischen Daumen und Zeigefinger drückt.
3. Nun stopfen Sie die Beine fertig aus. Die Kanten der Öffnung werden nach innen geschlagen und mit kleinen überwendlichen Stichen (siehe Seite 12) zusammengenäht.

Die Arme

1. Schieben Sie etwas Schafwolle jeweils in die Vorderhand und stopfen Sie sie fest bis an die vordere Handnaht.
2. Arbeiten Sie die Finger heraus, indem Sie an beiden Händen mit Schrägstichen (siehe Seite 12) die drei auf dem Papierschnitt eingezeichneten Linien abnähen (siehe Abb. 61).
3. Schieben Sie etwas Schafwolle in die Handflächen und stopfen Sie sie mit der Häkelnadel fest bis in die Daumen.
4. Nähen Sie die inneren Handgelenklinien, die auf dem Papierschnitt eingezeichnet sind, mit kleinen Vorstichen

Abb. 58. Durch die abgewinkelten Gliedmaßen wirkt die Puppe sehr lebendig.

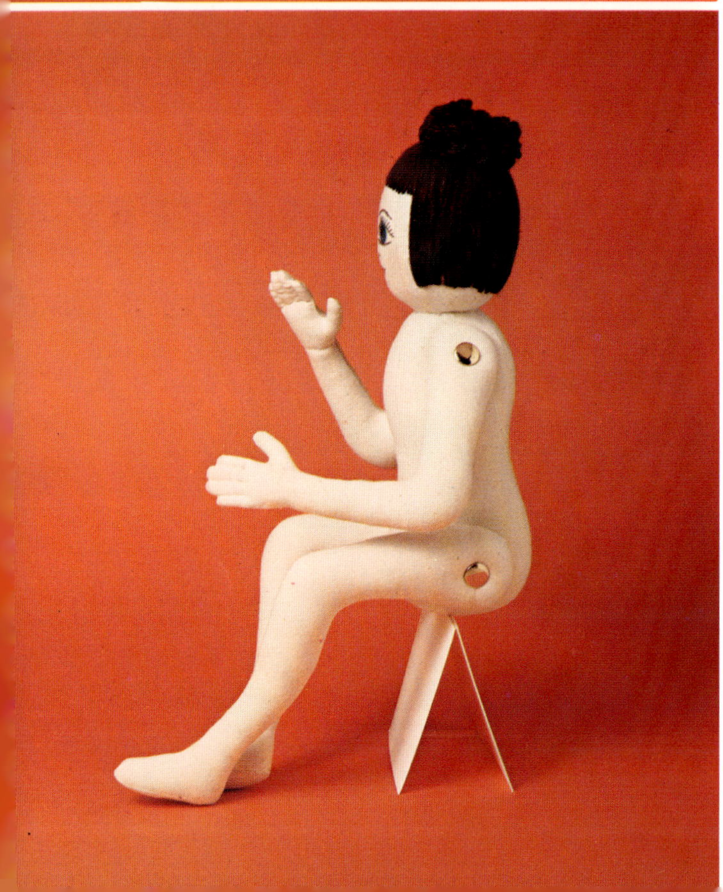

Abb. 59 + 60. Durch die einfache und praktische Befestigung der Glieder kann Tina verschiedene Haltungen einnehmen.

von einer Seite zur anderen ab und halten Sie den Stoff dabei leicht ein. Anschließend wird der Faden gut vernäht.

5. Nach der Anleitung für die Beine werden dann die Arme fertig ausgestopft und die Öffnungen zusammengenäht.

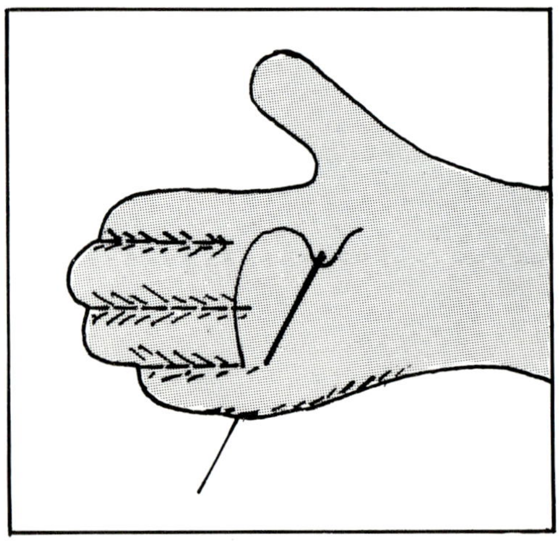

Abb. 61

Der Körper

1. Der Körper wird – zunächst bis zur Taille – gut, aber nicht zu stramm ausgestopft.
2. Ziehen Sie ein 20,5 cm langes Gummiband durch den Steg eines Knopfes.

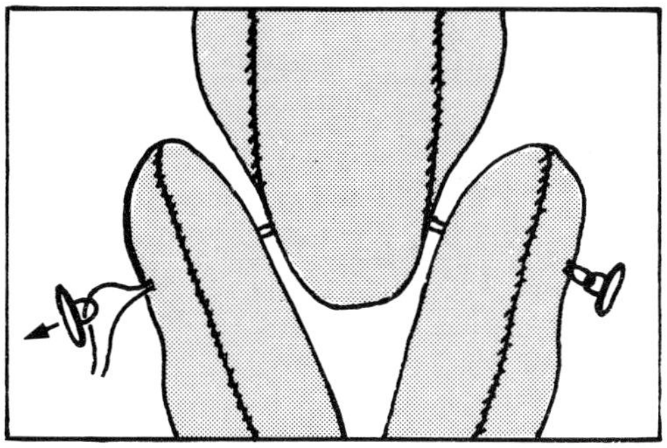

Abb. 62

Bohren Sie mit der Häkelnadel an der auf dem Schnitt eingezeichneten Stelle ein Loch durch eines der Beine und ziehen Sie die beiden Gummibandenden durch.
3. Prüfen Sie an den Fußsohlen, ob die Beine nicht vertauscht sind, und ziehen Sie das Gummiband durch den Körper und durch das andere Bein (siehe Abb. 62).
4. Nun schieben Sie einen zweiten Knopf auf eines der beiden Gummibandenden und ziehen die drei Teile (den Körper und die Beine) so fest wie möglich zusammen. Dann wird das Gummiband mehrfach verknotet; die überstehenden Enden werden abgeschnitten.
5. Anschließend wird der Körper bis 2,5 cm vor der Halsöffnung fest ausgestopft.
6. Nach der Anleitung für die Beine befestigen Sie die Arme am Körper.
7. Dann wird der Körper so fest wie möglich bis an die Öffnung ausgestopft.

Der Kopf
Der Kopf muß sehr sorgfältig ausgestopft werden, damit die Gesichtsfläche glatt bleibt.

Gesicht und Haare

1. Gestalten Sie das Gesicht und die Haare nach den Hinweisen in Kapitel „Gesicht und Haare“ auf Seite 16ff.
2. Halten Sie den Kopf an den Körper und

Abb. 63

probieren Sie aus, in welcher Haltung er am hübschesten wirkt. Schlagen Sie die unteren Kanten des Kopfes nach innen ein und nähen Sie ihn fest am Körper an. Am besten nähen Sie ein paarmal um den Halsansatz herum, bis Kopf und Körper ganz fest verbunden sind (siehe Abb. 63).

3. Zuletzt bemalen Sie noch die Fingerspitzen mit rosa Nagellack.

Die Kleidung

Nach den abgebildeten Schnitteilen können Sie Ihrer Puppe die verschiedensten Kleidungsstücke nähen; Sie brauchen nur die Länge des Rockes, der Hose und der Ärmel abzuändern.
Da der Körper dieser Puppe von einer Seite zur anderen schmal, von vorn nach hinten jedoch ziemlich tief ist, wird das Oberteil der Kleider, Unterröcke oder Blusen an einem Stück zugeschnitten, damit es möglichst gut sitzt.

Kleidung des Mädchens (Abb. 65)

Stoffverbrauch und Zutaten

Kleid und Höschen aus dem gleichen Stoff
50 cm gemusterter Batist
Drei kleine Knöpfe
50 cm Gummiband, 0,5 cm breit

Schuhe
Kleine Stücke rotes oder schwarzes Leder
50 cm schmales rotes Band

Zuschneiden

Schneiden Sie den Stoff nach den Hinweisen auf den Seiten 27 und 28 zu.

Nähen

Nähen sie im Abstand von 0,5 cm an den Schnittkanten entlang.

Kleid

Das Oberteil

1. Nähen Sie zuerst zwei getrennte Oberteile, von denen eines dann als Futter dient: Schließen Sie die Schulternähte mit Steppstichen und bügeln Sie die Nähte auf.
2. Legen Sie die beiden Oberteile rechts auf rechts und nähen Sie sie entlang der beiden hinteren Mittelkanten und um den Halsausschnitt mit kleinen Vorstichen zusammen.
3. Dann wird das Oberteil nach rechts gewendet und gebügelt.
4. Die Ärmelnähte werden mit einer französischen Naht (siehe Seite 24) geschlossen. Die unteren Kanten der Ärmel werden jeweils zweimal knappkantig nach innen umgeschlagen und angesäumt. Bügeln Sie die Nähte nach einer Seite.
5. Dann werden die Ärmel entlang der Armkugel mit kleinen Vorstichen eingehalten, der Weite des Armausschnittes angepaßt und mit Steppstichen an das Oberteil genäht; das Oberteilfutter wird dabei nicht miterfaßt (siehe Seite 25f.).
6. Wenden Sie Oberteil und Ärmel nach links und säumen Sie das Futter rund um die Armausschnitte so an, daß die Nahtzugabe innen liegt.

Der Rock

1. Schneiden Sie einen Stoffstreifen von 18 × 92 cm zu.
2. Schließen Sie die hintere Mittelnaht mit einer französischen Naht; dabei bleibt an der Taille ein Schlitz von 7,5 cm offen (siehe Seite 24, Abb. 25). Die Schlitzkanten werden zweimal nach innen umgeschlagen und angesäumt.
3. Die Oberkante des Rockes wird mit Vorstichen auf die Weite des Oberteils eingekräuselt und mit Steppstichen an das Oberteil genäht, wobei das Futter nicht miterfaßt wird (siehe Seite 25f.).

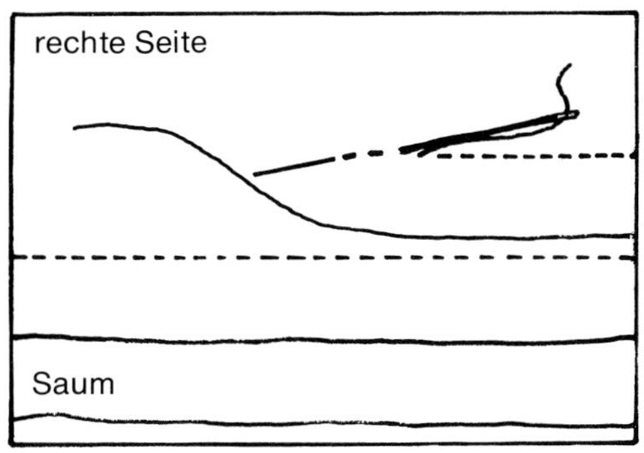

Abb. 64

4. Die Unterkante des Futters wird nach innen eingeschlagen und so angesäumt, daß die Nahtzugabe innen liegt.
5. Nähen Sie an eine hintere Kante des Oberteils in gleichmäßigen Abständen drei Schlingen und an die andere Kante die Knöpfe.
6. Der Rock wird gewendet und die untere Rockkante gesäumt.
7. Nähen Sie direkt über dem Saum von

rechts mit Vorstichen zwei Biesen ab (siehe Abb. 64) und bügeln Sie sie zum Saum hin.

Höschen

1. Schließen Sie die vordere und die hintere Mittelnaht mit französischen Nähten und bügeln Sie sie nach einer Seite.
2. Schließen Sie die inneren Beinnähte mit einer durchgehenden französischen Naht.
3. Nähen Sie an der Taille und an den unteren Beinkanten jeweils 0,7 cm breite Durchzüge für das Gummiband – Öffnung nicht vergessen!
4. Dann werden die Gummibänder eingezogen, der Puppe angepaßt und zusammengenäht.

Schuhe

1. Schließen Sie an beiden Schuhen links auf links die vordere und die hintere Naht mit überwendlichen Stichen.
2. Prüfen Sie, ob Sie eine rechte und eine linke Schuhsohle haben, und setzen Sie die Sohlen ein.
3. Stechen Sie an den auf dem Schnittmuster eingezeichneten Stellen mit einer dicken Stopfnadel Löcher für die Schnürsenkel ein.
4. Passen Sie Ihrer Puppe die Schuhe an. Dann werden mit der Stopfnadel die Bänder eingezogen und zu Schleifen gebunden.

Kleidung des Jungen (Abb. 65)

Stoffverbrauch und Zutaten

Bluse

25 cm gemusterter Batist
Vier kleine, farblich passende Knöpfe
25 cm Gummiband, 0,5 cm breit

Latzhose

25 cm einfarbige Popeline
Drei kleine, farblich passende Knöpfe

Stiefel

Kleine Stücke schwarzes Leder

Zuschneiden

Richten Sie sich beim Zuschneiden der Kleidung nach der Anleitung auf den Seiten 27 und 28.

Abb. 65. Tina und ihr „Bruder“

Nähen

Nähen Sie im Abstand von 0,5 cm an den Schnittkanten entlang.

Bluse

Das Oberteil

1. Sie nähen zunächst zwei getrennte Oberteile, von denen eines später als Futter dient: Schließen Sie die Schulternähte mit Steppstichen und bügeln Sie die Nähte auf.
2. Die beiden Oberteile werden rechts auf rechts liegend entlang der beiden hinteren Mittelkanten und rund um den Halsausschnitt mit kleinen Vorstichen zusammengenäht.
3. Anschließend wird das Oberteil nach rechts gewendet und gebügelt.
4. Die Ärmelnähte werden mit französischen Nähten (siehe Seite 24) geschlossen und nach einer Seite gebügelt.
5. Die Ärmel werden entlang der Armkugeln mit kleinen Vorstichen eingehalten, der Weite des Armausschnittes angepaßt und mit Steppstichen ans Oberteil genäht. Das Oberteilfutter wird dabei nicht miterfaßt (siehe Seite 25f.).
6. Wenden Sie das Oberteil und die Ärmel nach links und säumen Sie das Futter rund um die Armausschnitte so an, daß die Nahtzugabe innen liegt.
7. Nähen Sie an den unteren Ärmelkanten je einen 0,7 cm breiten Durchzug und ziehen Sie das Gummiband in passender Länge ein.
8. Die Unterkanten des Oberteils werden nach innen umgeschlagen und mit kleinen überwendlichen Stichen zusammengenäht. Dann wird die Bluse gebügelt.

Latzhose

Der Latz

1. Die beiden Latzteile werden rechts auf rechts liegend entlang der Ober- und Seitenkanten mit Steppstichen zusammengenäht (siehe Abb. 66).

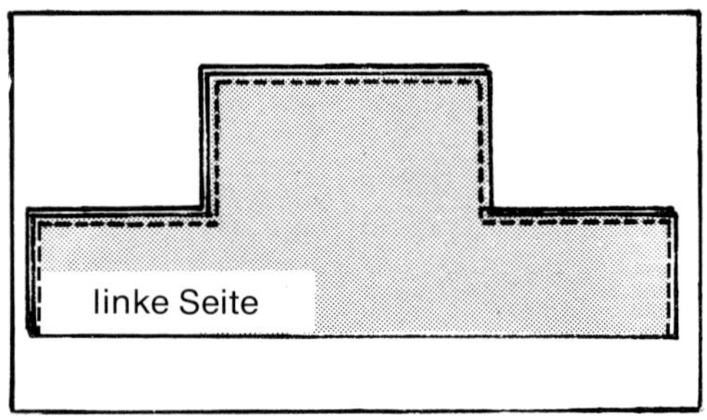

Abb. 66

2. Dann wird die Nahtzugabe an den Ekken eingeschnitten und der Latz gewendet und gebügelt.

Die Hose

1. Schließen Sie die hintere Mittelnaht – von unten ausgehend – 7,5 cm weit und die vordere Mittelnaht auf ganzer Länge mit französischen Nähten.
2. Die Schlitzkanten an der hinteren Naht

werden zweimal knappkantig nach innen umgeschlagen und angesäumt (siehe Seite 24, Abb. 25).
3. Schließen Sie die inneren Beinnähte mit einer durchgehenden französischen Naht.
4. Die Oberkante der Hose wird mit Vorstichen auf die Breite des Latzteils eingekräuselt und mit Steppstichen an den Latz genäht. Das Latzfutter wird dabei nicht miterfaßt (siehe Seite 25f.).
5. Die Unterkante des Latzfutters wird nach innen umgeschlagen und so angesäumt, daß die Nahtzugabe innen liegt.
6. Die Hosenbeine werden zuerst nach links umgeschlagen und angesäumt, dann zu Aufschlägen nach rechts umgelegt (siehe Abb. 67).

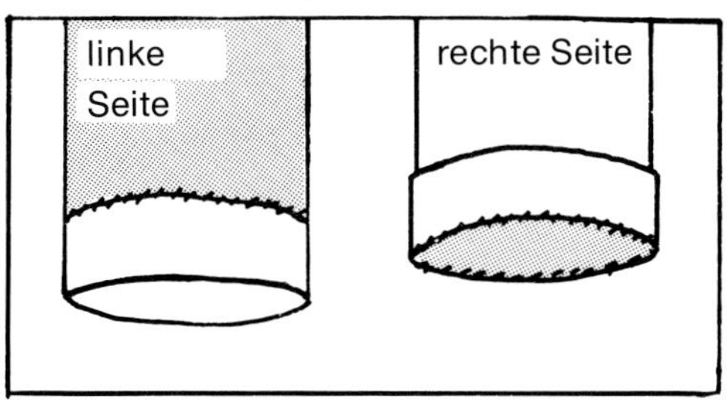

Abb. 67

Die Träger
1. Schneiden Sie zwei Stoffstreifen von 2 × 14 cm zu. Alle Schnittkanten werden nach innen umgeschlagen; die Träger werden der Länge nach gefaltet und die Kanten mit überwendlichen Stichen zusammengenäht.
2. Nähen Sie die beiden Träger hinten an der Innenseite des Latzes so an, daß sie sich kreuzen, und nähen Sie an die beiden anderen Trägerenden je eine Schlinge.
3. Nähen Sie an die beiden vorderen Ekken des Latzes je einen Knopf.
4. Außerdem nähen Sie einen Knopf an eine hintere Latzkante und an die andere Kante eine Schlinge. Zuletzt bügeln.

Stiefel
1. Nähen Sie an beiden Stiefeln von rechts mit überwendlichen Stichen die vordere und die hintere Naht.
2. Prüfen Sie, ob Sie eine rechte und eine linke Stiefelsohle ausgeschnitten haben, und setzen Sie sie ein.
3. Stechen Sie für die Schnürsenkel an den auf dem Schnitt eingezeichneten Stellen mit einer dicken Stopfnadel Löcher ein.
4. Nähen Sie die Stiefelzungen an.
5. Schneiden Sie für die Schnürsenkel zwei schmale Lederstreifen zu.
6. Zuletzt ziehen Sie Ihrer Puppe die Stiefel an, ziehen mit einer Häkelnadel die Schnürsenkel ein und binden sie zu Schleifen.

Vor dem Zuschneiden:
Bitte lesen Sie Seite 14 und 15 (Körperschnitt) sowie Seite 27 und 28 (Kleiderschnitt).

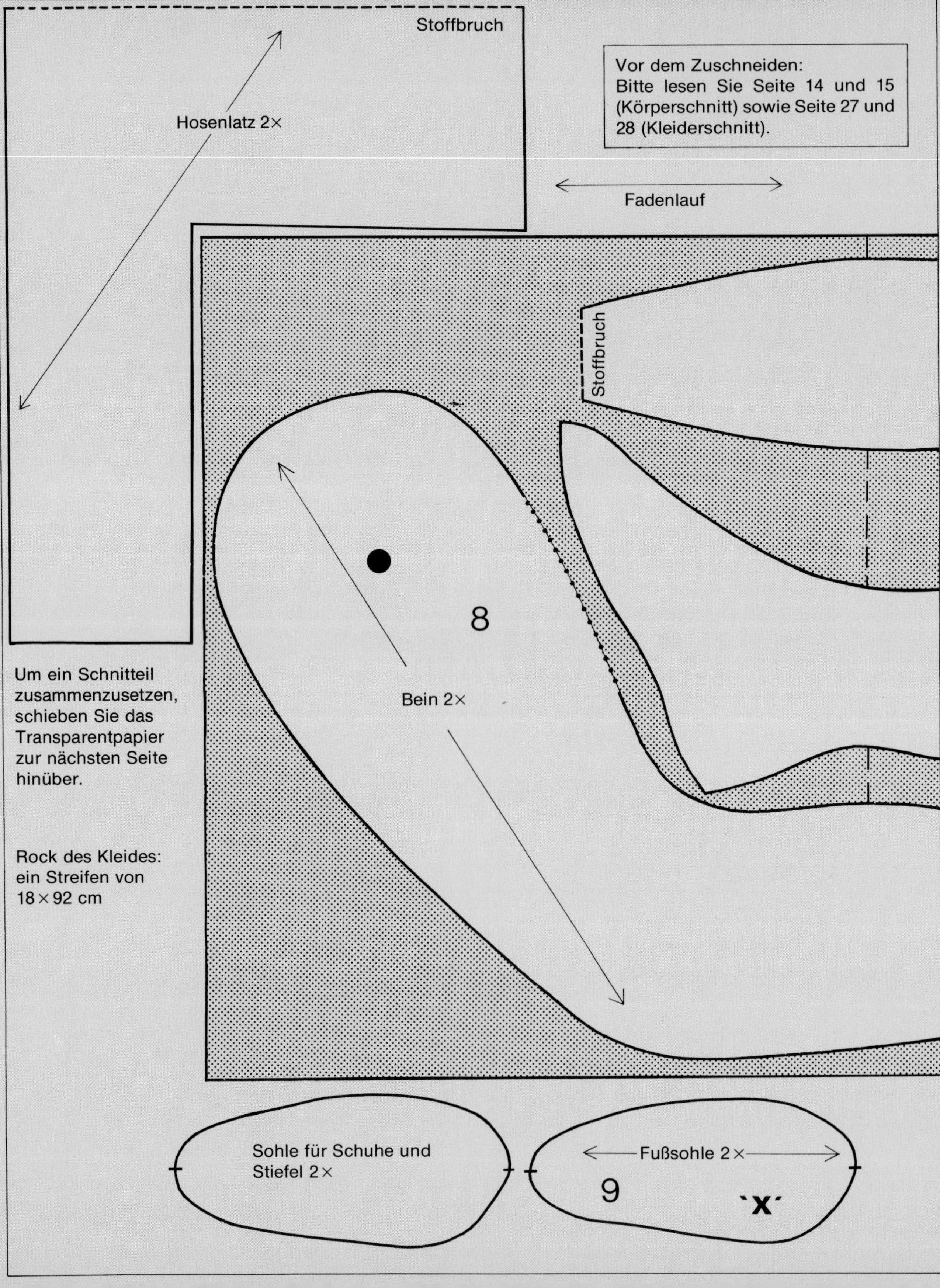

Um ein Schnitteil zusammenzusetzen, schieben Sie das Transparentpapier zur nächsten Seite hinüber.

Rock des Kleides: ein Streifen von 18 × 92 cm

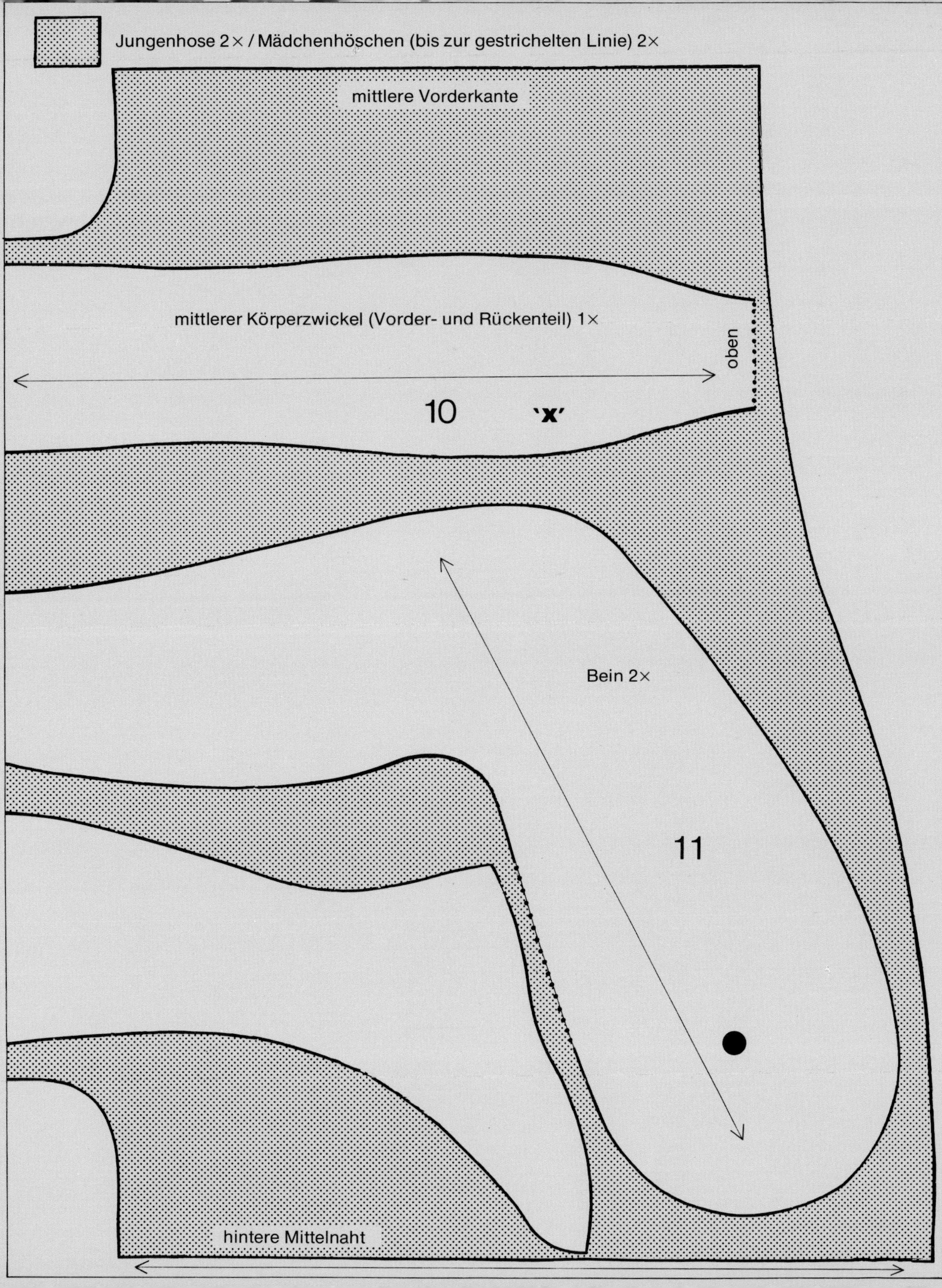
Jungenhose 2× / Mädchenhöschen (bis zur gestrichelten Linie) 2×
mittlere Vorderkante
mittlerer Körperzwickel (Vorder- und Rückenteil) 1×
oben
10
'x'
Bein 2×
11
hintere Mittelnaht

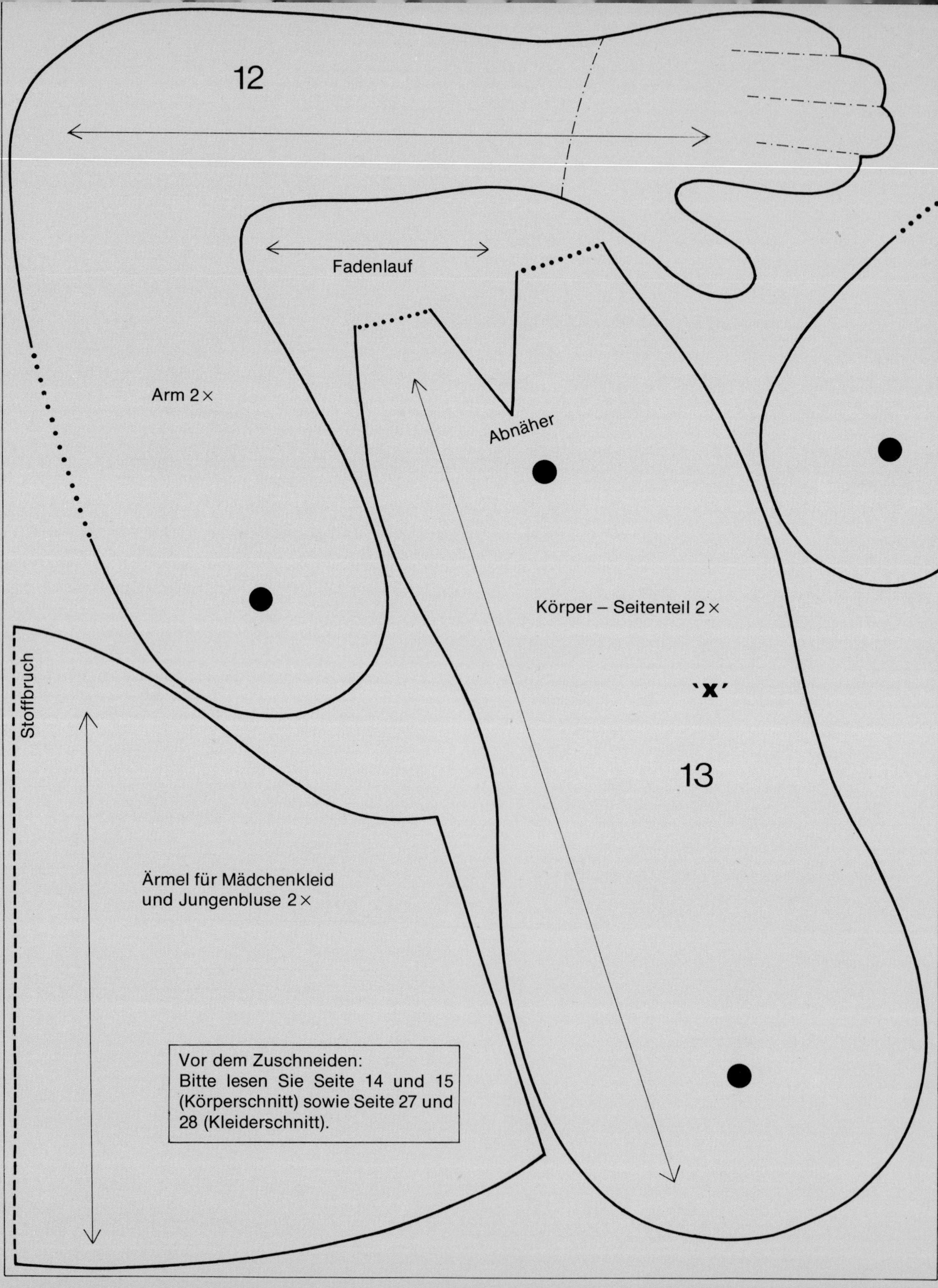
12
Arm 2×
Fadenlauf
Abnäher
Körper – Seitenteil 2×
'x'
13
Stoffbruch
Ärmel für Mädchenkleid
und Jungenbluse 2×
Vor dem Zuschneiden:
Bitte lesen Sie Seite 14 und 15 (Körperschnitt) sowie Seite 27 und 28 (Kleiderschnitt).

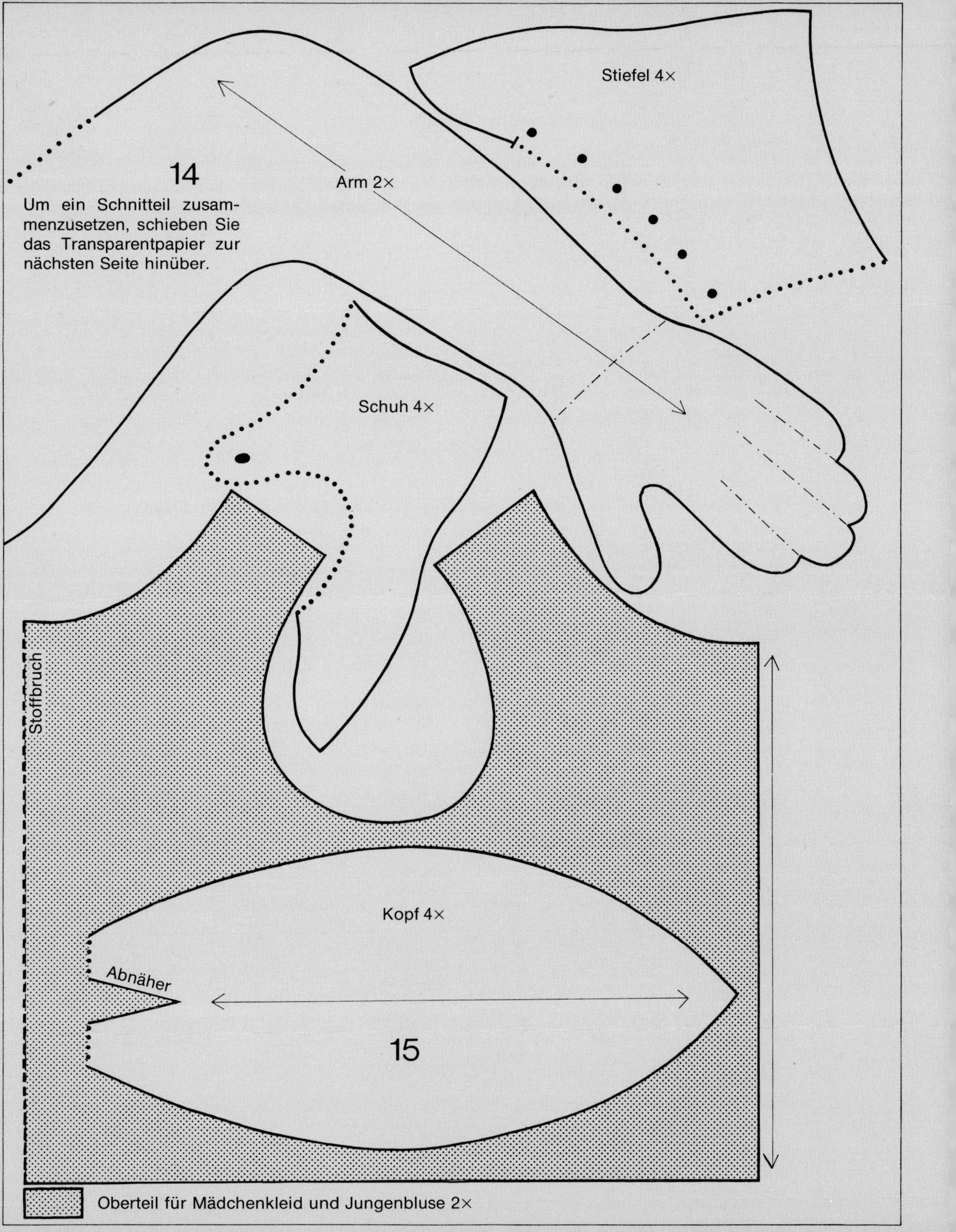
Stiefel 4×
14
Um ein Schnitteil zusammenzusetzen, schieben Sie das Transparentpapier zur nächsten Seite hinüber.
Arm 2×
Schuh 4×
Stoffbruch
Kopf 4×
Abnäher
15
Oberteil für Mädchenkleid und Jungenbluse 2×

FRIEDERIKE

Friederike ist ein ausdrucksvolles Puppenmädchen mit geraden Beinen und angewinkelten Armen

Größe: 40,5 cm
Neun Schnitteile: 16 – 17 – 18 – 19 – 20 – 21 – 22 – 23 – 24 (siehe Seite 86–89)

Material

30 cm ungebleichter Nessel
200 g Schafwolle
Hellrosa Nähgarn
Garn oder Wolle für die Haare
Stickgarn für Augen und Nase
Blauen, grünen oder braunen Nagellack für die Augen
Rosa Nagellack für Lippen und Fingernägel

Ich habe diese Puppe schon einige Male genäht, und jedesmal ist dabei ein lustiges junges Mädchen mit einem eigenwilligen Charakter entstanden. So sehr ich mich auch bemühe, es ist mir noch nie gelungen, ihr ein ernstes Gesicht zu geben – am Ende lacht sie doch. Aber vielleicht ist sie bei Ihnen fügsamer? Ich habe diese Puppe, die sich – wie auch viele der alten Puppen – keinem bestimmten Puppentyp zuordnen läßt, Friederike genannt. Falls Sie Friederike für ein Kind nähen, das gerade in einem besonders „zerstörerischen Alter" ist, sollten Sie ihre Arme nicht so stark abwinkeln. Die dafür nötige Schnittabänderung ist im vorigen Kapitel auf Seite 61 beschrieben. Und passen Sie beim Nähen der Beine gut auf, daß Sie auch wirklich ein rechtes und ein linkes Bein nähen – lassen Sie sich nicht verwirren, sonst hat Ihre Puppe nachher zwei rechte oder zwei linke Beine!

Zuschneiden

Der Nessel wird nach der Anleitung auf Seite 13f. vorbehandelt und zugeschnitten.

Nähen

Legen Sie die Nesselteile rechts auf rechts und nähen Sie mit kleinen Vorstichen (siehe Seite 11f.) auf den Bleistiftlinien entlang.

1. Schließen Sie zuerst die hintere Mittelnaht des Körpers.
2. Nähen Sie dann die vordere und die hintere Körperhälfte rundherum bis auf die Halsöffnung zusammen.
3. Nähen Sie die Arme zusammen; die Hände werden mit Steppstichen genäht (siehe Seite 11).
4. Stecken Sie je eine innere und eine äußere Beinhälfte so zusammen, daß Sie

Abb. 68. Friederike, eine sehr charaktervolle Puppe

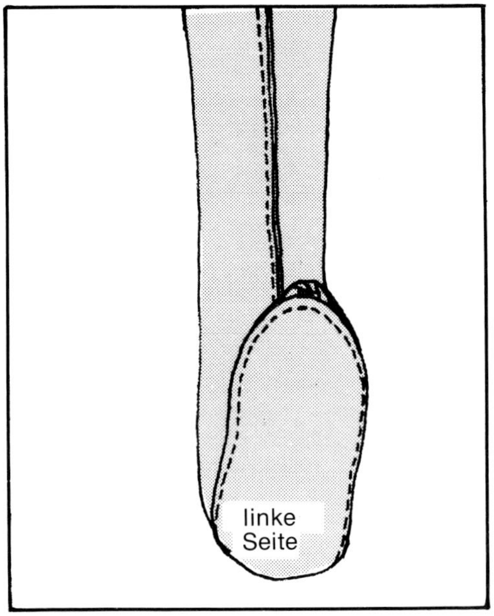

Abb. 69

Ausstopfen

Ehe Sie mit dem Ausstopfen beginnen, sollten Sie die allgemeinen Hinweise auf Seite 15 noch einmal durchlesen.

Die Arme

1. Schieben Sie kleine Mengen Schafwolle jeweils in die Vorderhand und stopfen Sie sie fest bis an die vordere Handnaht.
2. Arbeiten Sie die Finger heraus, indem Sie an beiden Händen mit Schrägstichen (siehe Seite 12) die vier auf dem Papierschnitt eingezeichneten Linien abnähen (siehe Abb. 70).
3. Stopfen Sie noch mehr Schafwolle in die Handflächen.
4. Nähen Sie die inneren Handgelenklinien, die auf dem Papierschnitt eingezeichnet sind, mit kleinen Vorstichen

ein rechtes und ein linkes Bein erhalten, und schließen Sie die vorderen und die hinteren Beinnähte.

5. Setzen Sie die Fußsohlen ein (siehe Abb. 69). Dabei müssen Sie beachten, daß die Beine nach links gewendet sind.
6. Nähen Sie die fünf Kopfteile zusammen.
7. Zuletzt werden alle Teile nach rechts gewendet und die Nähte mit überwendlichen Stichen verstärkt (siehe Seite 12).

Abb. 70

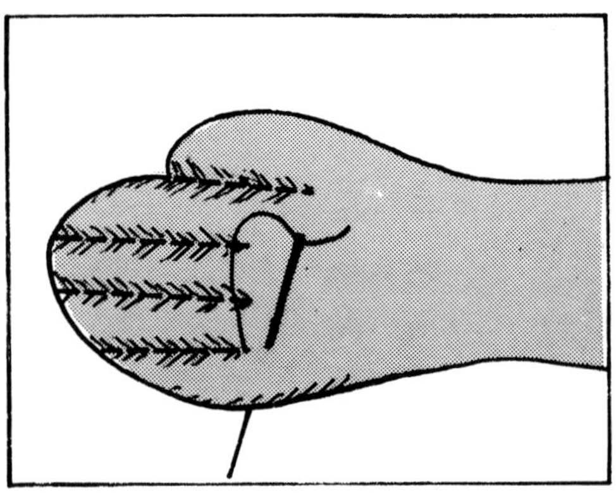

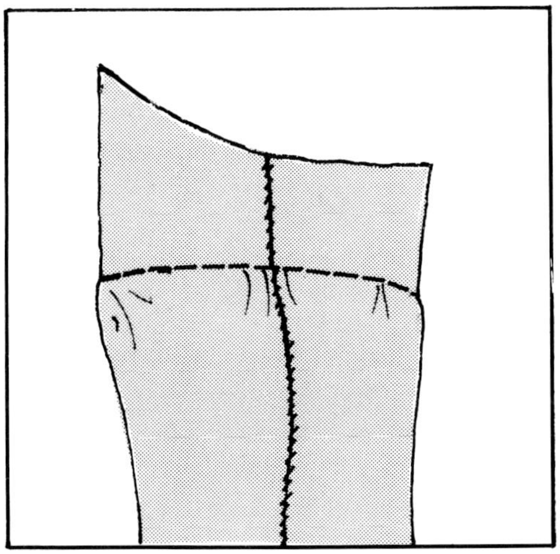

Abb. 71

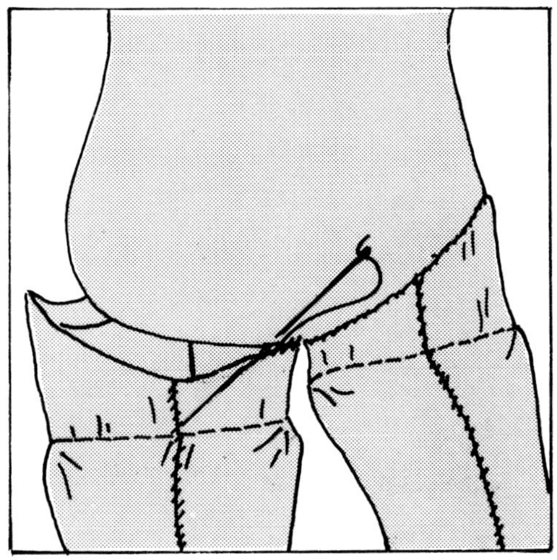

Abb. 72

von einer Seite zur anderen ab und halten Sie den Stoff dabei leicht ein. Anschließend wird der Faden fest vernäht.

5. Stopfen Sie die Arme bis auf 1,3 cm vor der Öffnung aus.
6. Die Oberkanten der Arme werden an der Öffnung 0,5 cm weit nach innen eingeschlagen und mit überwendlichen Stichen zusammengenäht.

Die Beine

1. Stopfen Sie Füße und Beine bis zu den auf dem Papierschnitt eingezeichneten Linien aus und achten Sie dabei darauf, daß sich die Nähte nicht verziehen.
2. Nähen Sie mit Schrägstichen entlang der eingezeichneten Linien quer über das Bein (siehe Abb. 71).

Der Körper

1. Stopfen Sie den Körper bis zur Halsöffnung so fest wie möglich aus. Die Schafwolle sollte sogar noch etwas aus der Öffnung herausragen.
2. Schlagen Sie die Oberkanten der Beine 0,5 cm breit nach innen um und heften Sie diesen Einschlag mit langen Vorstichen rundherum fest.
3. Die Beinöffnungen werden an den Körper gesteckt (siehe Abb. 72) und rundherum angenäht.
4. Nähen Sie die Oberkanten der Arme zuerst entlang der überwendlichen

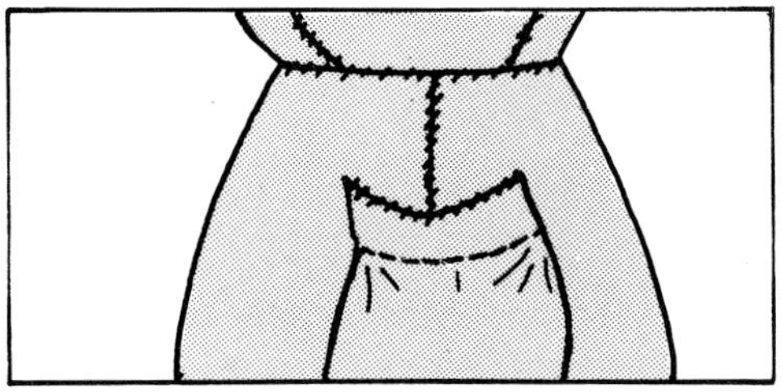

Abb. 73

Naht und dann noch einmal 0,7cm tiefer an den Schultern an (siehe Abb. 73).

Der Kopf
Nun wird der Kopf ausgestopft. Dabei sollten Sie darauf achten, daß die Vorderseite und die beiden Flächen ganz glatt ausfallen. Stopfen Sie beide Wangen gleichmäßig aus, sonst sieht Ihre Puppe nachher aus, als ob sie Zahnschmerzen hätte.

Gesicht und Haare

1. Gestalten Sie das Gesicht und die Haare nach den Hinweisen in Kapitel „Gesicht und Haare" auf Seite 16ff.
2. Halten Sie den Kopf an den Körper und probieren Sie aus, in welcher Haltung er am hübschesten wirkt. Schlagen Sie die unteren Kanten des Kopfes nach innen ein und nähen Sie ihn fest an den Körper. Am besten nähen Sie ein paarmal um den Halsansatz herum, bis Kopf und Körper ganz fest verbunden sind.
3. Zuletzt bemalen Sie noch die Fingerspitzen mit rosa Nagellack.

Die Kleidung

Friederikes Kleid hat einen weiten Rock und lange Ärmel – kurze Ärmel stehen ihr genauso gut. Unter dem Kleid trägt sie lange Pumphosen und einen Halbrock.

Friederikes Kleidung (Abb. 77)

Stoffverbrauch und Zutaten

Halbrock und Pumphosen
50 cm weißer Batist
50 cm Gummiband, 0,5 cm breit
1,30 m schmale weiße Spitze

Kleid
50 cm gemusterter Voile
1 m schmales Band

Schuhe
Kleine Leder- oder Wildlederstücke

Zuschneiden

Richten Sie sich beim Zuschneiden nach der Anleitung auf den Seiten 27 und 28.

Nähen

Nähen Sie im Abstand von 0,5 cm an den Schnittkanten entlang.

Halbrock

1. Schneiden Sie einen Stoffstreifen von 20,5 × 92 cm zu und schließen Sie die hintere Mittelnaht mit einer französischen Naht (siehe Seite 24).
2. Nähen Sie an der Taille einen 0,7 cm breiten Durchzug für das Gummiband – Öffnung nicht vergessen! Dann wird das Gummiband eingezogen, der Puppe angepaßt und zusammengenäht.
3. Zuletzt wird der Rock gesäumt und unten am Saum rundherum Spitze angesetzt. Der fertige Halbrock wird gebügelt.

Pumphosen

1. Schließen Sie die vordere und die hintere Mittelnaht mit französischen Nähten und bügeln Sie sie nach einer Seite.
2. Die inneren Beinnähte werden mit einer durchgehenden französischen Naht geschlossen.
3. Nähen Sie an der Taille und an den unteren Beinkanten jeweils 0,7 cm breite Durchzüge und vergessen Sie dabei nicht die Öffnung für das Gummiband!
4. Besetzen Sie die Beinsäume unten rundherum mit Spitze.
5. Ziehen Sie an der Taille und an den Beinen die Gummibänder in passender Länge ein und nähen Sie sie zusammen.

Kleid

Das Oberteil

1. Sie nähen zuerst zwei getrennte Oberteile, von denen Sie eines dann als Futter verwenden: Schließen Sie alle Schulter- und Seitennähte mit Steppstichen und bügeln Sie die Nähte auf.
2. Legen Sie die beiden Oberteile rechts auf rechts und nähen Sie sie entlang der beiden hinteren Mittelkanten und rund um den Halsausschnitt mit kleinen Vorstichen zusammen.
3. Dann wird das Oberteil nach rechts gewendet und gebügelt.
4. Nähen Sie die Ärmelnähte mit französischen Nähten zusammen und bügeln Sie die Nähte nach einer Seite.
5. Die Ärmel werden entlang der Armkugeln mit kleinen Vorstichen so weit eingekräuselt, daß sie in die Armausschnitte passen, und mit Steppstichen an das Oberteil genäht. Das Oberteilfutter wird dabei nicht miterfaßt (siehe Seite 25f.).
6. Wenden Sie Oberteil und Ärmel nach links und säumen Sie das Futter rund um die Armausschnitte so an, daß die Nahtzugabe innen liegt.
7. Nähen Sie an den Unterkanten der Ärmel jeweils 0,7 cm breite Durchzüge

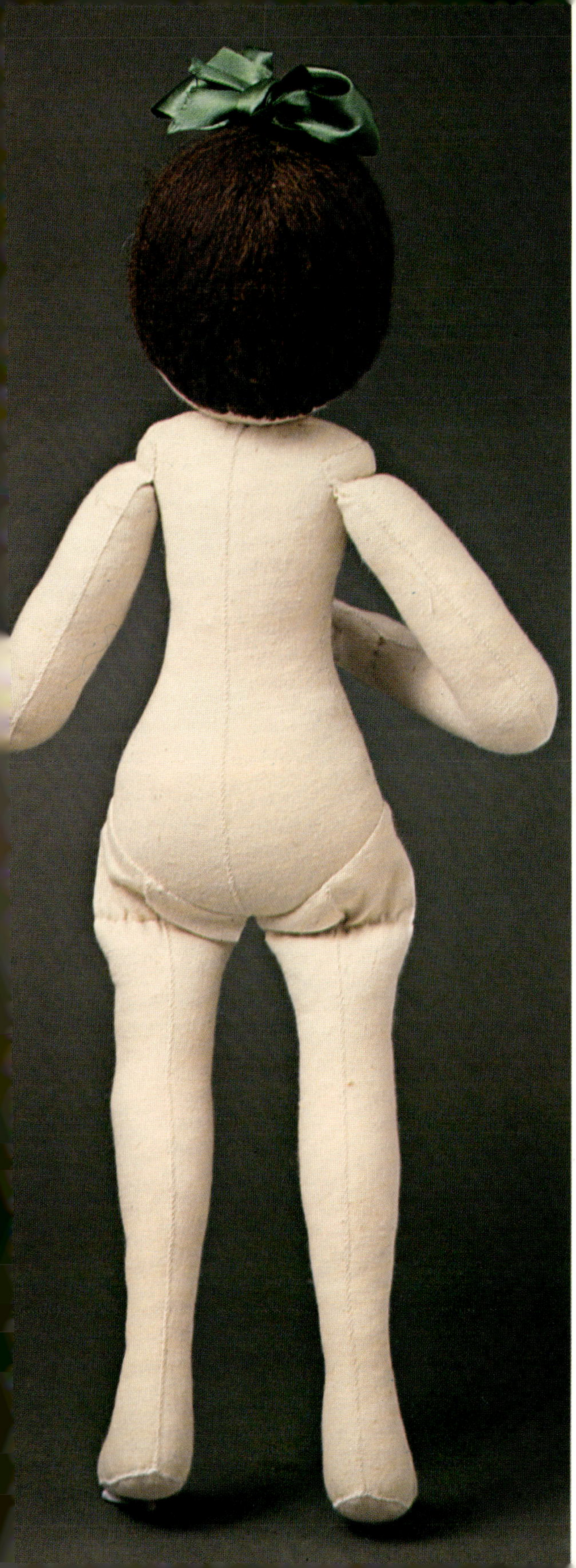

Abb. 74–76. Von allen Seiten hat Friederike eine hübsche Figur.

und ziehen Sie die Gummibänder in passender Länge ein und nähen Sie sie zusammen.

Der Rock

1. Schneiden Sie einen Stoffstreifen von 20,5 × 92 cm zu und verbinden Sie die hintere Mittelnaht mit einer französischen Naht; an der Taille bleiben 7,5 cm für den Verschluß offen (siehe Seite 24, Abb. 25).
2. Die Schlitzkanten werden zweimal knappkantig nach innen umgeschlagen und angesäumt.
3. Kräuseln Sie die Oberkante des Rockes mit kleinen Vorstichen auf die Weite des Oberteils ein und nähen Sie Rock und Oberteil mit Steppstichen zusammen; das Oberteilfutter wird dabei nicht miterfaßt (siehe Seite 25f., Abb. 29 und 30).
4. Die Unterkante des Futters wird nach innen eingeschlagen und so angesäumt, daß die Nahtzugabe innen liegt.
5. Nähen Sie an eine hintere Kante des Oberteils in gleichmäßigen Abständen drei Schlingen (siehe Seite 27) und an die andere Kante die Knöpfe.
6. Zuletzt wird der Rock gesäumt und das Kleid gebügelt.
7. Nun ziehen Sie Ihre Puppe an und binden ihr das Band um die Taille.

Schuhe

1. Nähen Sie die Nähte an beiden Schuhen von rechts mit überwendlichen Stichen.
2. Prüfen Sie, ob Sie eine rechte und eine linke Schuhsohle haben, und setzen Sie die Sohlen ein.
3. Stechen Sie die auf dem Papierschnitt eingezeichneten Stellen mit einer dicken Stopfnadel für die Schnürsenkel ein.
4. Schneiden Sie aus Leder zwei schmale Streifen für die Schnürsenkel zu.
5. Passen Sie Ihrer Puppe die Schuhe an und ziehen Sie mit einer Häkelnadel die Schnürsenkel ein und binden Sie sie zu Schleifen.

Abb. 77. Friederike ▸

WARD·LOCK·&·CO'S
WONDER·BOOK
TIDLEYWINKS
TABLE QUOITS
FOR ANY NUMBER OF PLAYERS
By Royal Letters Patent

Unterrock: ein Streifen von 20,5 × 92 cm

Rock des Kleides: ein Streifen von 20,5 × 92 cm

Vor dem Zuschneiden:
Bitte lesen Sie Seite 14 und 15 (Körperschnitt) sowie Seite 27 und 28 (Kleiderschnitt).

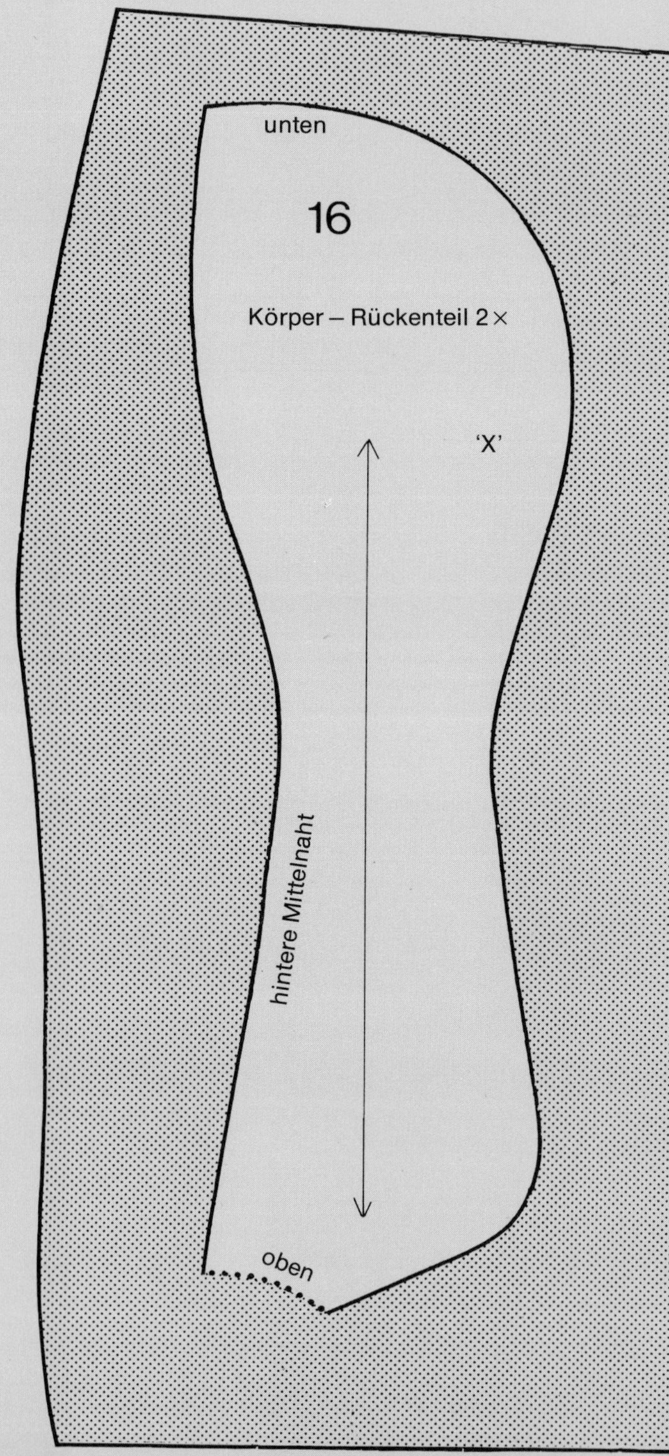

Fadenlauf

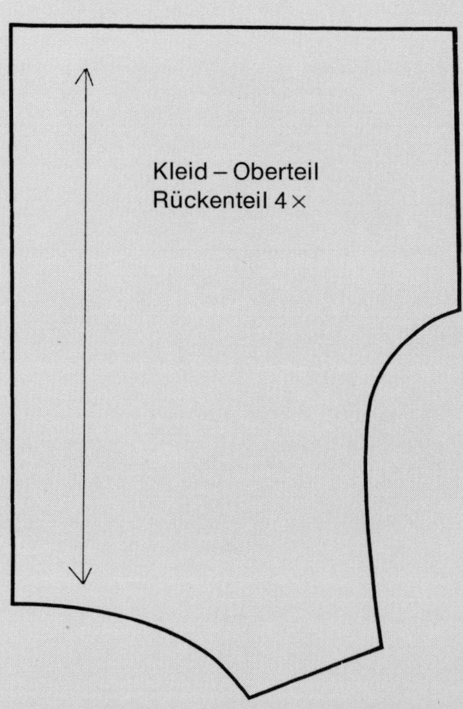

Um ein Schnitteil zusammenzusetzen, schieben Sie das Transparentpapier zur nächsten Seite hinüber.

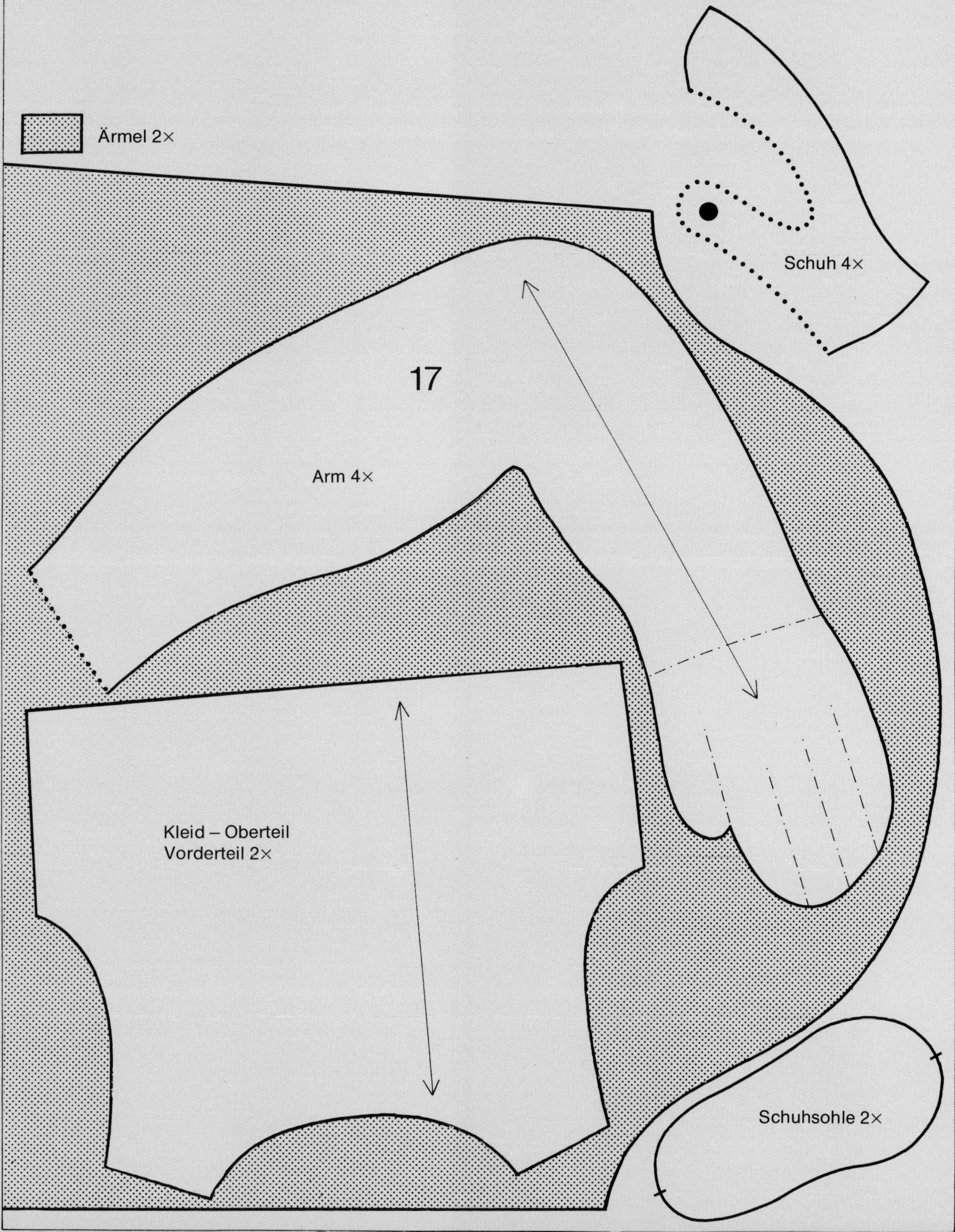

Um ein Schnitteil zusammenzusetzen, schieben Sie das Transparentpapier zur nächsten Seite hinüber.

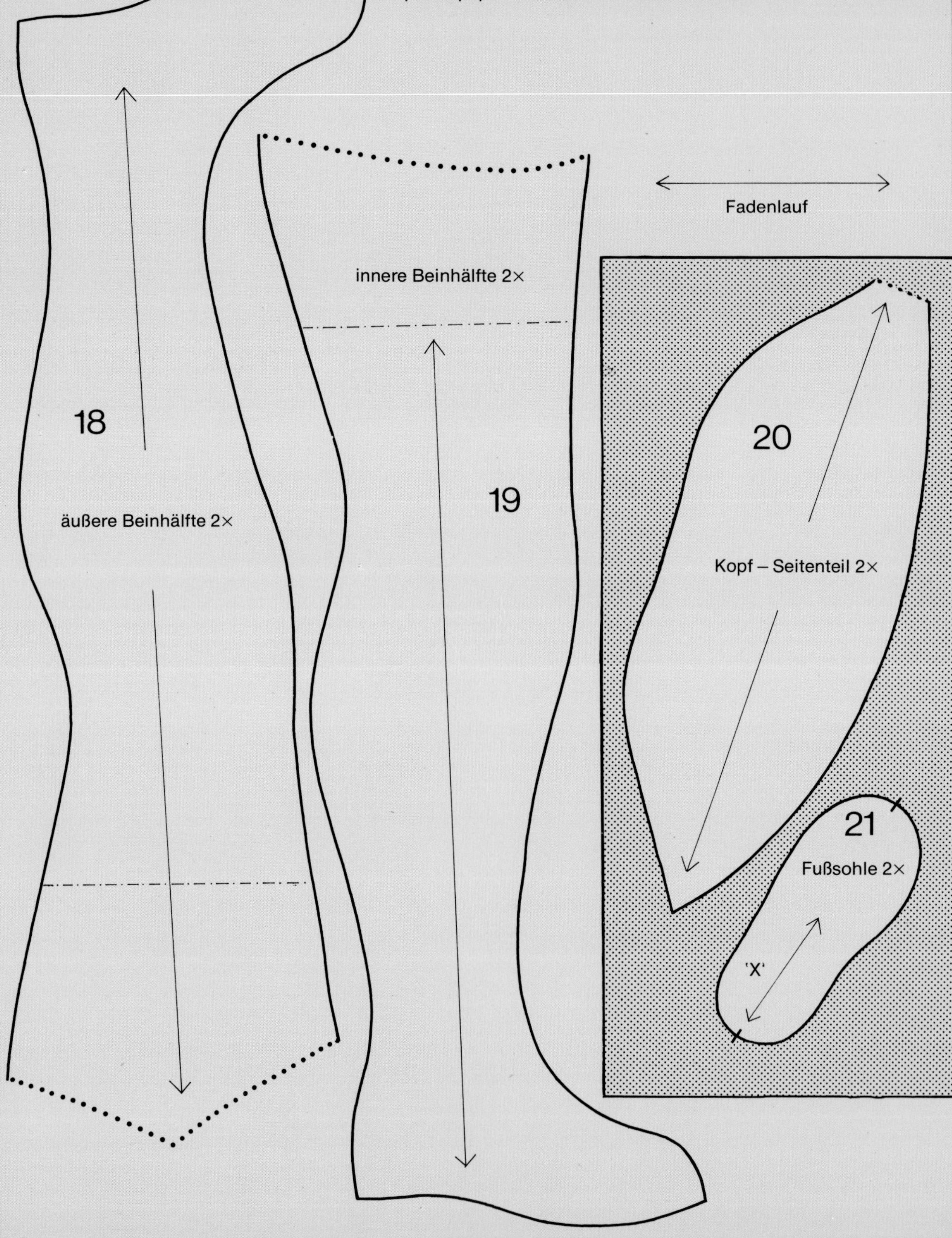

Vor dem Zuschneiden:
Bitte lesen Sie Seite 14 und 15 (Körperschnitt) sowie Seite 27 und 28 (Kleiderschnitt).

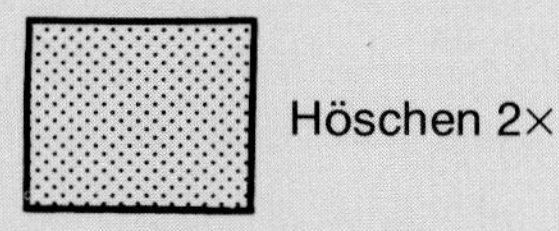

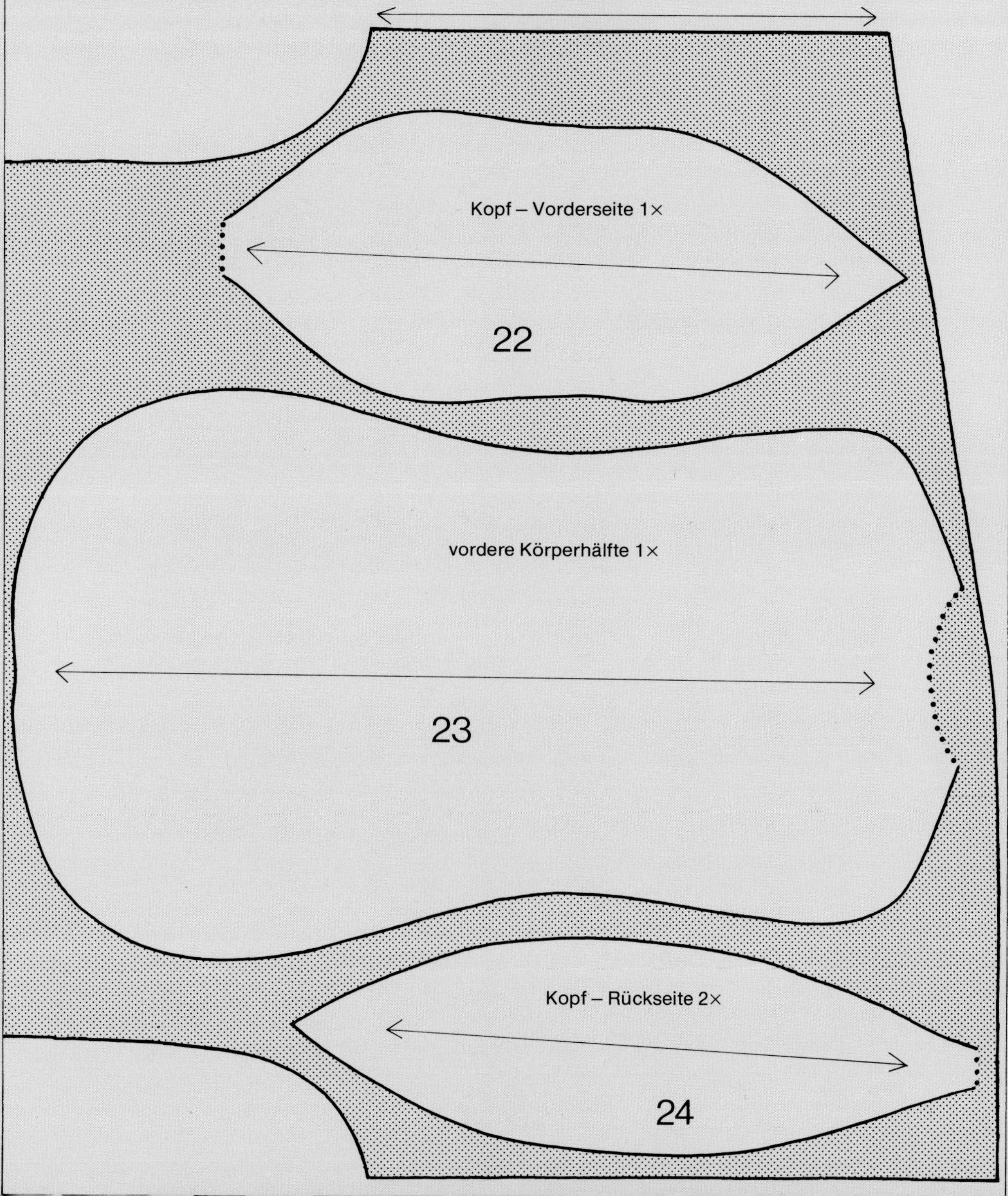

NANETTE

Nanette ist eine liebenswürdige Puppe mit einem interessanten Hüftgelenk und Zwickelgelenken an Ellbogen und Knien

Größe: 60,5 cm
Zwölf Schnitteile: 25 – 26 – 27 – 28 – 29 – 30 – 31 – 32 – 33 – 34 – 35 – 36 (siehe Seite 106–109)

Material

60 cm ungebleichter Nessel
400 g Schafwolle
Hellrosa Nähgarn
Garn oder Wolle für die Haare
Stickgarn für Augen und Nase
Blauen, grünen oder braunen Nagellack für die Augen
Rosa Nagellack für Lippen und Fingernägel

Diese letzte Puppe ist mein besonderer Liebling. Wie Sie sehen, stellt der Körper keine genaue Kopie der Ziegenlederkörper dar, die die Puppen des 19. und frühen 20. Jahrhunderts hatten, sondern er wirkt natürlicher und moderner. Das liegt daran, daß ich bei meinem Entwurf von natürlichen Proportionen und nicht von den Proportionen der alten Puppen ausgegangen bin.

Das spezielle Hüftgelenk dieser Puppe ist ein sogenanntes „Non Plus Ultra-Gelenk". Gelegentlich wurden diese Hüftgelenke angenäht, meist waren sie jedoch mit Stiften am Körper befestigt. Auch die Zwickelgelenke an Knie und Ellbogen, die diese Puppe hat, waren weit verbreitet, doch lag der Ellbogenzwickel meist hinten und nicht – wie hier – vorn.
Nanette wird allen Kindern – großen und kleinen – gefallen. Sie ist leichter zu nähen, als es den Anschein haben mag. Wenn Sie allerdings im Nähen noch ganz ungeübt sind, sollten Sie vielleicht besser zuerst eine der anderen Puppen nähen.

Zuschneiden

Der Nessel wird nach der Anleitung auf Seite 13f. vorbehandelt und zugeschnitten.

Nähen

Legen Sie die Teile rechts auf rechts und nähen Sie mit kleinen Vorstichen (siehe Seite 11f.) auf den Bleistiftlinien entlang.

Die Beine

1. Schließen Sie an beiden Beinen die obere und die untere Vordernaht jeweils bis zum Knie.

Abb. 78. Der etwas altmodische Reiz von Nanette wird durch das Kleidchen mit der Schürze, den spitzenbesetzten Unterrock und das Höschen hervorgehoben.

2. Schneiden Sie an den Knien den Stoff zwischen den Bleistiftlinien ein und setzen Sie die Beinzwickel mit Steppstichen (siehe Seite 11) so ein, daß die mittleren Markierungen auf den Zwikkeln jeweils an die Vordernaht stoßen (siehe Abb. 79).
3. Wenden Sie die Beine nach rechts, legen Sie die Kniegelenke in die richtige Form (siehe Abb. 85, 86, 87 auf Seite 96 und 97) und verstärken Sie die Nähte mit überwendlichen Stichen (siehe Seite 12).
4. Nun legen Sie jedes Bein rechts auf rechts zusammen und schließen die hinteren Beinnähte.

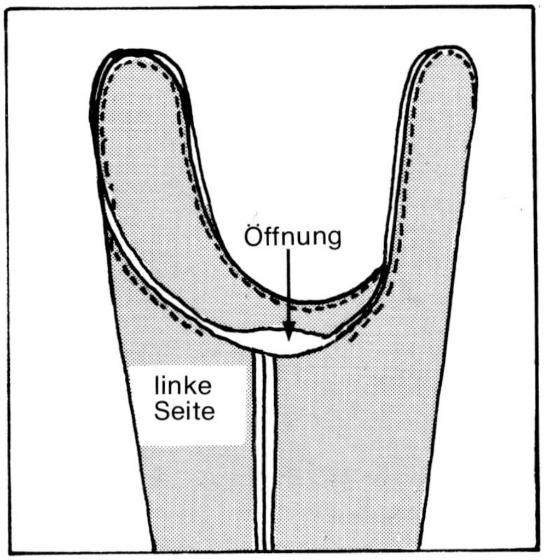

Abb. 80

Abb. 79
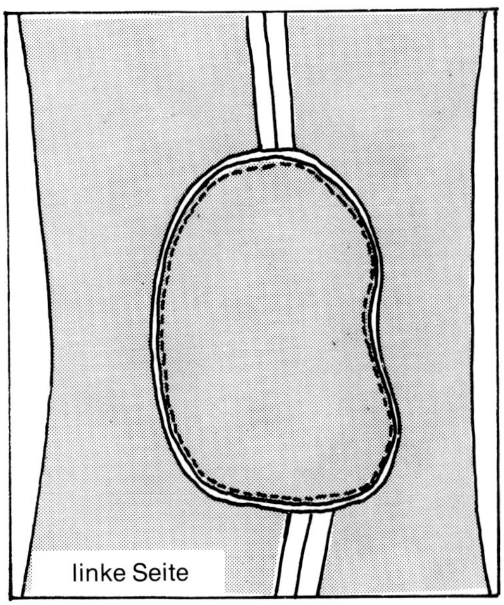

5. Prüfen Sie, ob Sie eine rechte und eine linke Fußsohle haben, und setzen Sie die Sohlen ein.
6. Die Hüftzwickel werden so an den oberen Beinkanten festgesteckt, daß die Rundungen jeweils aufeinanderliegen, und – bis auf eine etwa 5 cm lange hintere Öffnung zum Ausstopfen – eingenäht (siehe Abb. 80).
7. Dann werden die Beine vorsichtig nach rechts gewendet und die übrigen Nähte mit überwendlichen Stichen übernäht.

Die Arme

1. Zuerst wird an beiden Armen die obere

Innennaht bis zur Armbeuge geschlossen und gut vernäht. Dann nähen Sie vom Zwickelschlitz abwärts bis zum Handgelenk.

2. Schneiden Sie den Stoff in der Armbeuge zwischen den Bleistiftlinien ein und setzen Sie – wie schon bei den Knien – die Armzwickel ein.
3. Die Nähte werden von rechts mit überwendlichen Stichen verstärkt.
4. Dann wenden Sie die Arme wieder nach links. Die Hände werden mit Steppstichen genäht, die übrigen Nähte mit Vorstichen geschlossen.

Abb. 81

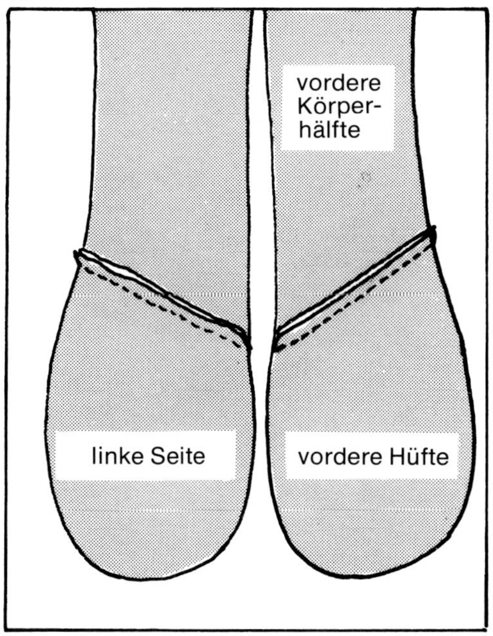

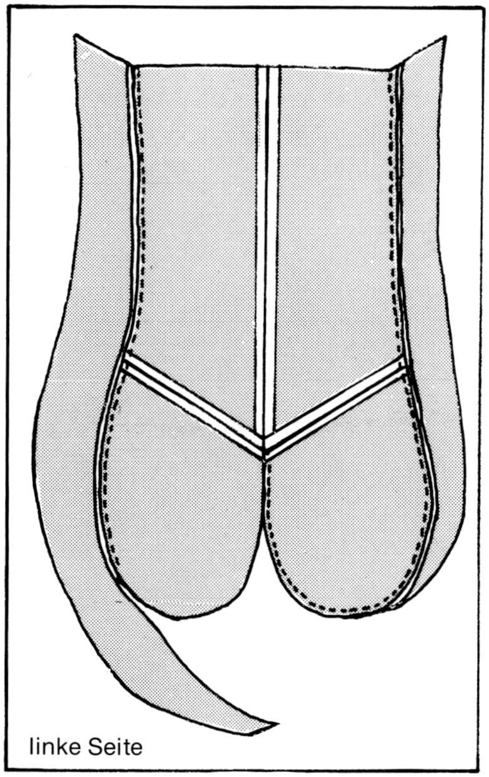

Abb. 82

5. Schneiden Sie bei beiden Händen die Nahtzugabe zwischen Daumen und Zeigefinger ein.
6. Wenden Sie die Arme nach rechts – für die Daumen nehmen Sie das untere Ende einer Häkelnadel – und verstärken Sie die übrigen Nähte mit überwendlichen Stichen.

Abb. 83. Nanette in verschiedenen Abwandlungen

Der Körper

1. Nähen Sie die Oberkanten der beiden vorderen Hüftteile an die Unterkanten der beiden vorderen Körperhälften (siehe Abb. 81).
2. Verstärken Sie diese Nähte von rechts mit überwendlichen Stichen.
3. Nähen Sie die beiden Seitenzwickel an das Vorderteil und passen Sie dabei die Teile entlang der Rundungen gut aneinander an (siehe Abb. 82).
4. Nähen Sie die Rückenteile so an die Seitenzwickel, daß die Markierungen (A) bei Rückenteilen und Seitenzwickeln aneinanderstoßen (siehe Abb. 84).
5. Schließen Sie die hintere Naht.
6. Wenden Sie den Körper nach rechts und verstärken Sie diese Nähte mit überwendlichen Stichen.

Abb. 84

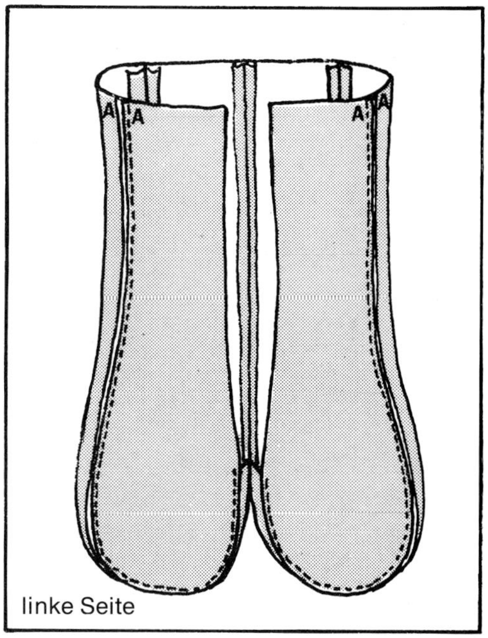

Der Kopf

Verbinden Sie die vier Kopfteile, wenden Sie den Kopf nach rechts und verstärken Sie die Nähte mit überwendlichen Stichen.

Ausstopfen

Lesen Sie bitte, ehe Sie mit dem Ausstopfen anfangen, noch einmal die allgemeinen Hinweise auf Seite 15 durch.

Die Beine

1. Stopfen Sie Füße und Beine bis zu den Kniezwickeln fest aus.
2. Dann nehmen Sie eines der Beine in die Hand, legen den Daumen fest auf die untere Hälfte des Zwickels, damit sie ganz flach bleibt, und stopfen sie bis zur Vordernaht und bis in die Kniekehle ganz fest aus.
3. Anschließend stopfen Sie die obere Zwickelhälfte bis zur vorderen Beinnaht aus.
4. Nun halten Sie das Bein gerade (der

Zwickel ist dabei geschlossen) und stopfen den Oberschenkel bis zum Ende der vorderen und der hinteren Mittelnaht fest aus.

5. Die Kanten der Öffnung werden schmal nach innen umgeschlagen und mit überwendlichen Stichen zusammengenäht.
6. Ebenso werden Knie und Oberschenkel des anderen Beines fertig ausgestopft und genäht.

Die Arme

1. Schieben Sie kleine Mengen Schafwolle jeweils in die Vorderhand und stopfen Sie sie fest bis an die vordere Handnaht.
2. Um die Finger herauszuarbeiten, nähen Sie an beiden Händen die drei auf dem Papierschnitt eingezeichneten Linien mit Schrägstichen ab (siehe Abb. 88).
3. Schieben Sie noch mehr Schafwolle in die Handflächen und stopfen Sie sie mit der Häkelnadel fest bis in die Daumen.
4. Nähen Sie die auf dem Papierschnitt eingezeichneten inneren Handgelenklinien mit kleinen Vorstichen von einer Seite zur anderen ab und halten Sie den Stoff dabei leicht ein. Anschließend wird der Faden gut vernäht.
5. Stopfen Sie die Arme bis zu den Ellbo-

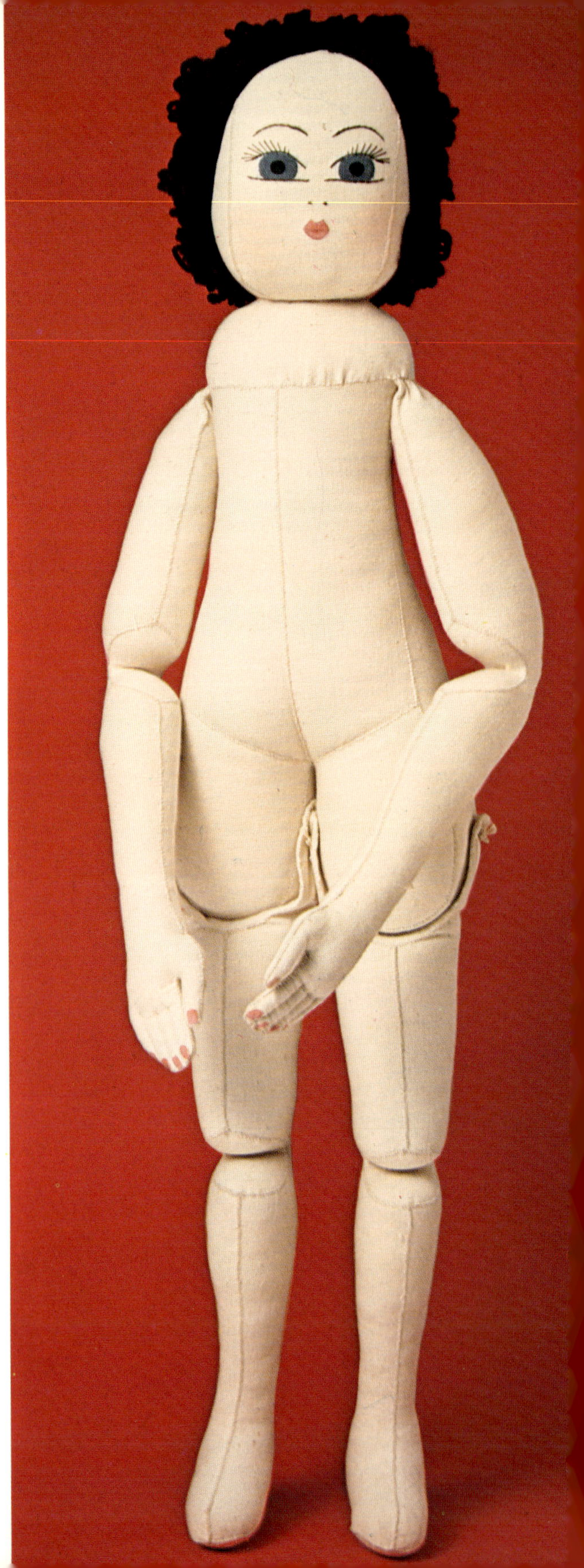

Abb. 85–87. Nanette von verschiedenen Seiten: Sie hat Zwickelgelenke an Ellbogen und Knien und ein fein ausgearbeitetes Hüftgelenk.

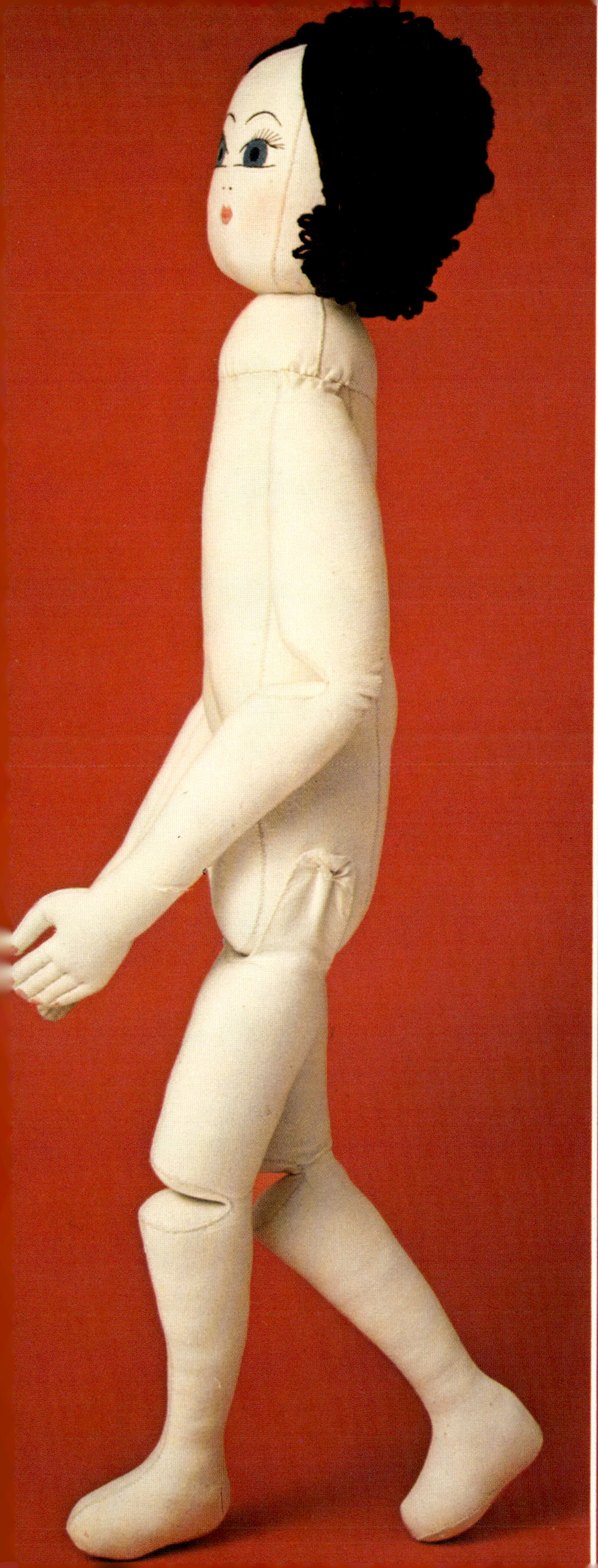
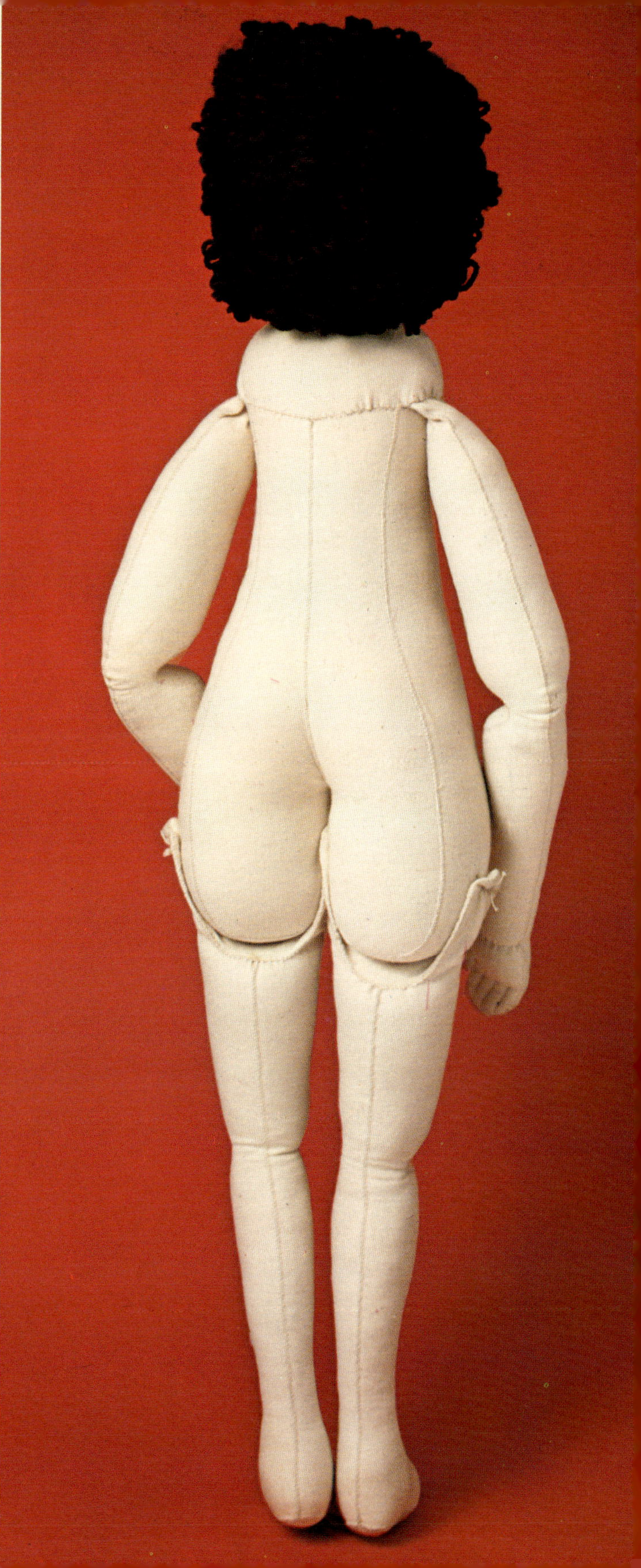

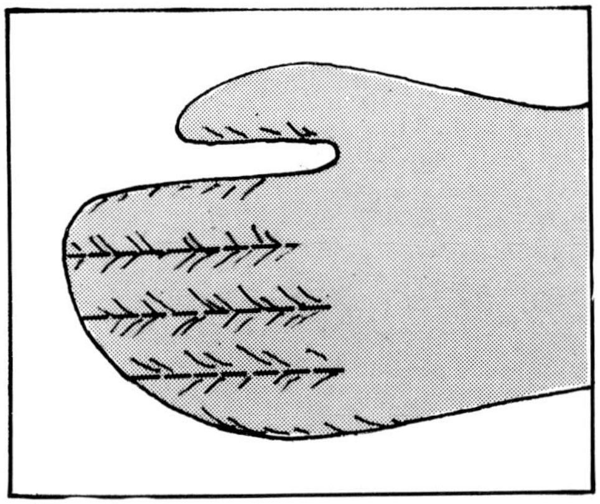

Abb. 88

Abb. 89

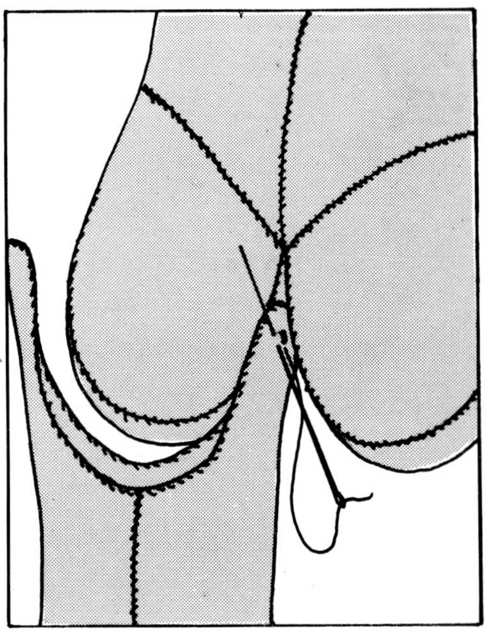

genzwickeln aus. Die Ellbogenzwickel werden wie die Kniezwickel ausgestopft.

6. Dann stopfen Sie die Arme bis 1,3 cm vor der Öffnung fertig aus.

Der Körper

1. Zuerst werden beide Hüften fest ausgestopft.

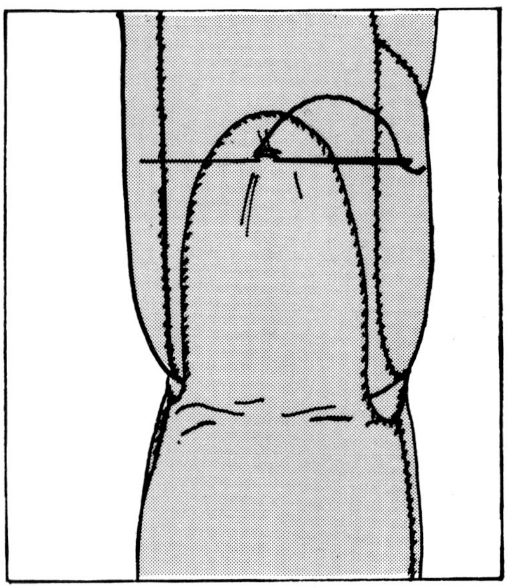

Abb. 90

2. Prüfen Sie, ob die Beine nicht vertauscht sind. Verknoten Sie das Fadenende ein paarmal und nähen Sie mit einer Stopfnadel und doppeltem oder

dreifachem Faden die inneren Beinoberkanten durch alle Stofflagen an den Innenseiten der Hüften an (siehe Abb. 89).

3. Stopfen Sie dann den Körper so fest wie möglich bis dicht unter die obere Körperöffnung aus.
4. Halten Sie Körper und Beine in einer geraden Linie. Ziehen Sie die äußeren Beinoberkanten an die Außenseiten der Hüften und nähen Sie sie, wie oben beschrieben, an (siehe Abb. 90).
5. Nähen Sie die Oberkanten der Arme an die Oberkanten der Seitenzwickel (siehe Abb. 91).
6. Die Schulterhälften werden zusammengenäht und die Nähte mit überwendlichen Stichen verstärkt.
7. Die Unterkante des Schulterteils wird 0,5 cm weit nach innen umgeschlagen und mit Vorstichen geheftet.
8. Die umgeheftete Kante wird an den Körper gesteckt (siehe Abb. 92) und mit überwendlichen Stichen angenäht.

Abb. 91

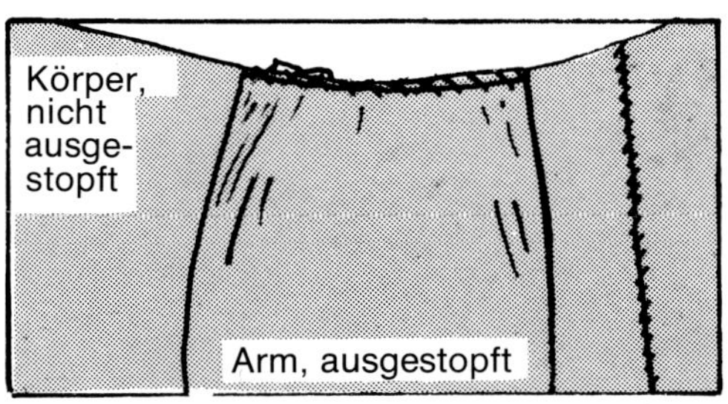

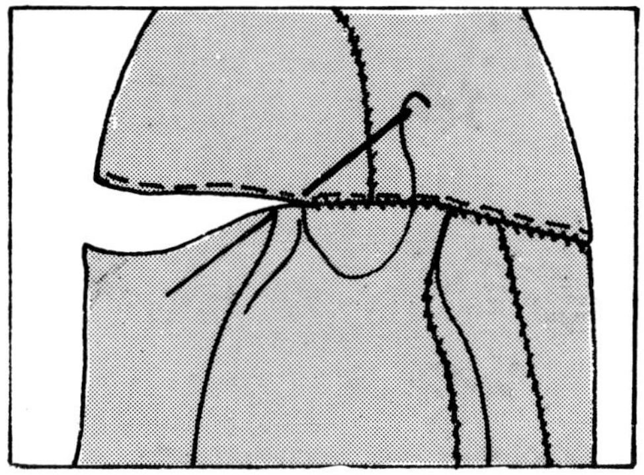

Abb. 92

9. Dann werden Körper und Schultern bis an die Halsöffnung ausgestopft.

Der Kopf

Stopfen Sie den Kopf fest aus. Dabei muß eine der Flächen, die später das Gesicht bilden soll, glatt bleiben.

Gesicht und Haare

1. Gestalten Sie das Gesicht und die Haare nach den Hinweisen in Kapitel „Gesicht und Haare“ auf Seite 16ff.
2. Probieren Sie aus, in welcher Haltung der Kopf am hübschesten wirkt. Schlagen Sie die unteren Kanten des Kopfes nach innen und nähen Sie ihn fest am Körper an. Nähen Sie ein paarmal über die Ansatzstelle, bis Kopf und Körper ganz fest verbunden sind.

3. Zuletzt bemalen Sie noch die Fingerspitzen Ihrer Puppe mit rosa Nagellack.

Die Kleidung

Am hübschesten sieht Nanette in einem langen Kleid mit langen Ärmeln aus, das Knie- und Ellbogengelenke bedeckt. Nach den hier abgedruckten Schnitteilen für Unterrock und Kleid lassen sich auch Röcke und Blusen, Nachthemden oder Mäntel nähen.

Kleidung des Mädchens (Abb. 81)

Stoffverbrauch und Zutaten

Unterrock und Höschen
70 cm weißer Baumwollstoff oder Batist
Drei kleine weiße Knöpfe
1,20 m schmale weiße Spitze

Kleid mit Rüsche
70 cm dünner Terylenestoff
Drei kleine Knöpfe

Schürze
30 cm farblich auf das Kleid abgestimmter Stoff
Zwei kleine, farblich passende Knöpfe

Schuhe oder Stiefel
Kleine Leder- oder Wildlederstücke
Zwei kleine Knöpfe (für die Schuhe)
1 m schmales Band (für die Stiefel)

Zuschneiden

Richten Sie sich beim Zuschneiden der Kleidung nach der Anleitung auf den Seiten 27 und 28.

Nähen

Nähen Sie im Abstand von 0,5 cm an den Schnittkanten entlang.

Unterrock
Das Oberteil
1. Sie nähen zunächst zwei getrennte Oberteile, von denen eines dann als Futter dient. Alle Schulternähte werden mit Steppstichen geschlossen und aufgebügelt.
2. Legen Sie die beiden Oberteile rechts auf rechts und nähen Sie sie entlang der

beiden hinteren Mittelkanten und um den Halsausschnitt mit kleinen Vorstichen zusammen.
3. Das Oberteil wird dann nach rechts gewendet und gebügelt.
4. Die Armausschnitte am Oberteil und am Futter werden schmal nach innen umgeschlagen und mit überwendlichen Stichen zusammengenäht.
5. Nähen Sie am Oberteil und am Futter auf der linken Stoffseite die Seitennähte. Dann wird das Oberteil gewendet und gebügelt.

Der Rock
1. Schneiden Sie einen Stoffstreifen von 33 × 66 cm zu. Schließen Sie die hintere Mittelnaht mit einer französischen Naht; dabei bleibt an der Taille ein Schlitz von 12,5 cm (siehe Seite 24, Abb. 24 und 25) offen.
2. Die Schlitzkanten werden zweimal knappkantig nach innen umgeschlagen und angesäumt.
3. Die Oberkante des Rockes wird mit Vorstichen auf die Weite des Oberteils eingekräuselt und mit Steppstichen an das Oberteil genäht. Das Futter wird nicht miterfaßt (siehe Seite 25 f.).
4. Die Unterkante des Futters wird nach innen umgeschlagen und so angesäumt, daß die Nahtzugabe innen liegt.
5. Nähen Sie an eine hintere Kante des Oberteils in gleichmäßigen Abständen zwei Schlingen (siehe Seite 27) und an die andere Kante zwei Knöpfe.

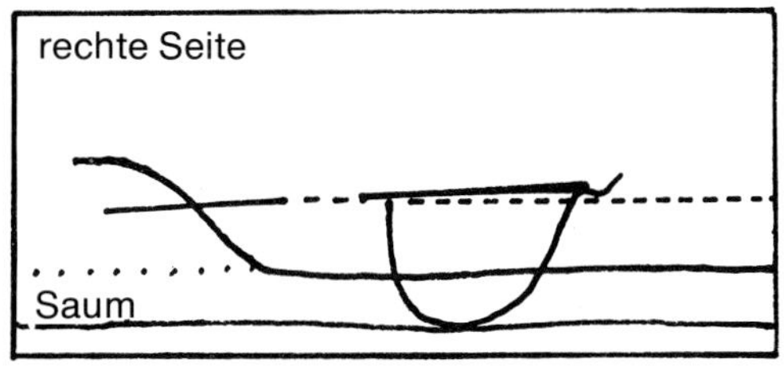

Abb. 93

6. Der Rock wird gewendet und die untere Rockkante gesäumt.
7. Nähen Sie direkt über dem Saum von rechts mit Vorstichen eine schmale Biese ab (siehe Abb. 93) und bügeln Sie sie zum Saum hin.
8. Setzen Sie unten um den Saum die Spitze an.

Höschen
1. Schließen Sie die vordere Mittelnaht – von unten ausgehend – 5 cm weit und die hintere Mittelnaht auf ganzer Länge mit französischen Nähten.
2. Die Schlitzkanten an der vorderen Naht werden zweimal knappkantig nach innen umgeschlagen und angesäumt.
3. Schließen Sie die inneren Beinnähte mit einer durchgehenden französischen Naht.
4. Schneiden Sie für den Bund einen Stoffstreifen von 2 × 26 cm zu.
5. Kräuseln Sie die Oberkante des Höschens mit kleinen Vorstichen auf die

Taillenweite der Puppe ein und nähen Sie den Bund rechts auf rechts liegend an das Höschen.

6. Der Bund wird über die Höschenkante nach rechts gelegt. Die Bundkante wird nach links eingeschlagen und an der Kräuselnaht angesäumt. Die Schmalkanten werden rundherum nach innen umgeschlagen und mit überwendlichen Stichen versäubert.
7. Nähen Sie an ein Bundende eine Schlinge und an das andere Ende einen Knopf.
8. Säumen und bügeln Sie die Hosenbeine.
9. Besetzen Sie die Hosenbeine unten rundherum mit Spitze.

Kleid mit Rüsche

Das Oberteil

1. Sie nähen zuerst zwei getrennte Oberteile, von denen Sie eines dann als Futter verwenden: Schließen Sie Schulter- und Seitennähte mit Steppstichen und bügeln Sie die Nähte auf.
2. Legen Sie die beiden Oberteile rechts auf rechts und nähen Sie sie entlang der beiden hinteren Mittelkanten und rund um den Halsausschnitt mit kleinen Vorstichen zusammen.
3. Dann wird das Oberteil nach rechts gewendet und gebügelt.
4. Schließen Sie die Ärmelnähte mit französischen Nähten und bügeln Sie sie nach einer Seite.
5. Die Ärmel werden entlang der Armkugeln mit kleinen Vorstichen eingehalten, der Weite des Armausschnittes angepaßt und mit Steppstichen an das Oberteil genäht. Das Oberteilfutter wird dabei nicht miterfaßt (siehe Seite 25f.).
6. Wenden Sie Oberteil und Ärmel nach links und säumen Sie das Futter rund um die Armausschnitte so an, daß die Nahtzugabe innen liegt.
7. Dann werden die Ärmel gesäumt und gebügelt.

Der Rock

1. Schneiden Sie für den Rock einen Stoffstreifen von 28,5 × 56 cm und für die Rüsche einen Streifen von 6,5 × 116 cm zu. Falls der Stoff nicht breit genug liegt, schneiden Sie für die Rüsche zwei Streifen zu, die Sie an den Webkanten zusammennähen.
2. Eine Längskante der Rüsche wird mit Vorstichen auf die Rockweite eingekräuselt und mit Steppstichen rechts auf rechts der Kräuselnaht an den Rock genäht.
3. Falten Sie auf der linken Stoffseite den Rockstoff über diese Naht und säumen Sie die Unterkante der Falte an der Naht an (siehe Abb. 94).
4. Schließen Sie die hintere Mittelnaht mit einer französischen Naht; an der Taille bleibt eine Öffnung von 12,5 cm.
5. Die Schlitzkanten werden zweimal knappkantig nach innen umgeschlagen und angesäumt.

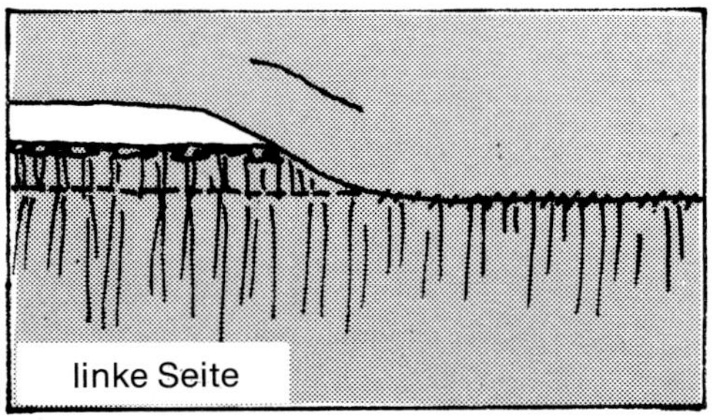

Abb. 94

6. Die Oberkante des Rockes wird mit kleinen Vorstichen auf die Weite des Oberteils eingekräuselt und mit Steppstichen an das Oberteil genäht. Das Futter wird dabei nicht miterfaßt.
7. Die Unterkante des Futters wird nach innen eingeschlagen und so an der Steppstichnaht angesäumt, daß die Nahtzugabe verdeckt ist.
8. Nähen Sie in gleichmäßigen Abständen drei Schlingen an eine hintere Kante des Oberteils und an die andere Kante die Knöpfe.
9. Zuletzt wird die Rüsche noch gesäumt und das Kleid gebügelt.

Schürze

Das Oberteil

1. Sie nähen auch hier zuerst zwei Oberteile, von denen eines später als Futter dient: Schließen Sie die Schulternähte mit Steppstichen und bügeln Sie die Nähte auf.
2. Nähen Sie die beiden Oberteile rechts auf rechts entlang der beiden hinteren Mittelkanten und um den Hals mit Vorstichen zusammen.
3. Das Oberteil wird dann nach rechts gewendet und gebügelt.
4. Schlagen Sie die Armausschnitte an Oberteil und Futter nach innen ein und nähen Sie sie von rechts mit kleinen überwendlichen Stichen zusammen.
5. Nähen Sie am Oberteil und am Futter auf der linken Stoffseite mit Steppstichen die Seitennähte. Dann wird das Oberteil gewendet und gebügelt.

Der Rock

1. Schneiden Sie einen Streifen von 25,5 × 50 cm zu und runden Sie an der unteren Längskante die Ecken ab. Die beiden Schmalkanten und die untere Längskante werden zweimal knappkantig nach innen umgeschlagen und gesäumt.
2. Die Oberkante wird mit Vorstichen auf die Weite des Oberteils eingekräuselt und mit Steppstichen an das Oberteil genäht, wobei das Oberteilfutter nicht miterfaßt wird.
3. Die Unterkante des Futters wird nach innen eingeschlagen und so angesäumt, daß die Nahtzugabe innen liegt.
4. Nähen Sie an eine hintere Kante des Oberteils zwei Schlingen und an die andere Kante die Knöpfe (siehe Seite 27, Abb. 33 und 34). Dann wird die Schürze gebügelt.

Schuhe

1. Schließen Sie an beiden Schuhen die vordere und die hintere Naht mit überwendlichen Stichen.
2. Prüfen Sie, ob Sie eine rechte und eine linke Schuhsohle haben, und setzen Sie die Sohlen ein.
3. Nähen Sie bei beiden Schuhen an die innere Schuhspange eine Schlinge und an die äußere Spange einen Knopf.

Stiefel

1. Schließen Sie bei beiden Stiefeln die vordere und die hintere Naht mit überwendlichen Stichen.
2. Setzen Sie die Stiefelsohlen richtig ein.
3. Stechen Sie an den auf dem Schnittmuster angegebenen Stellen mit einer dikken Stopfnadel Löcher für die Schnürsenkel ein.
4. Nähen Sie die Stiefelzungen an.
5. Ziehen Sie Ihrer Puppe die Stiefel an. Dann werden mit der Stopfnadel die Bänder eingezogen und zu Schleifen gebunden.

Abb. 95. Nanette – Gesicht und Kleidung sind hier abgewandelt.

Vor dem Zuschneiden:
Bitte lesen Sie Seite 14 und 15 (Körperschnitt) sowie Seite 27 und 28 (Kleiderschnitt).

Rock des Unterrocks:
ein Streifen von 33 × 66 cm

Rock des Kleides:
ein Streifen von 28,5 × 56 cm und ein zweiter Streifen von 6,5 × 116 cm

Rock der Schürze:
ein Streifen von 25,5 × 50 cm (auf die Hälfte falten und die beiden unteren Ecken abrunden)

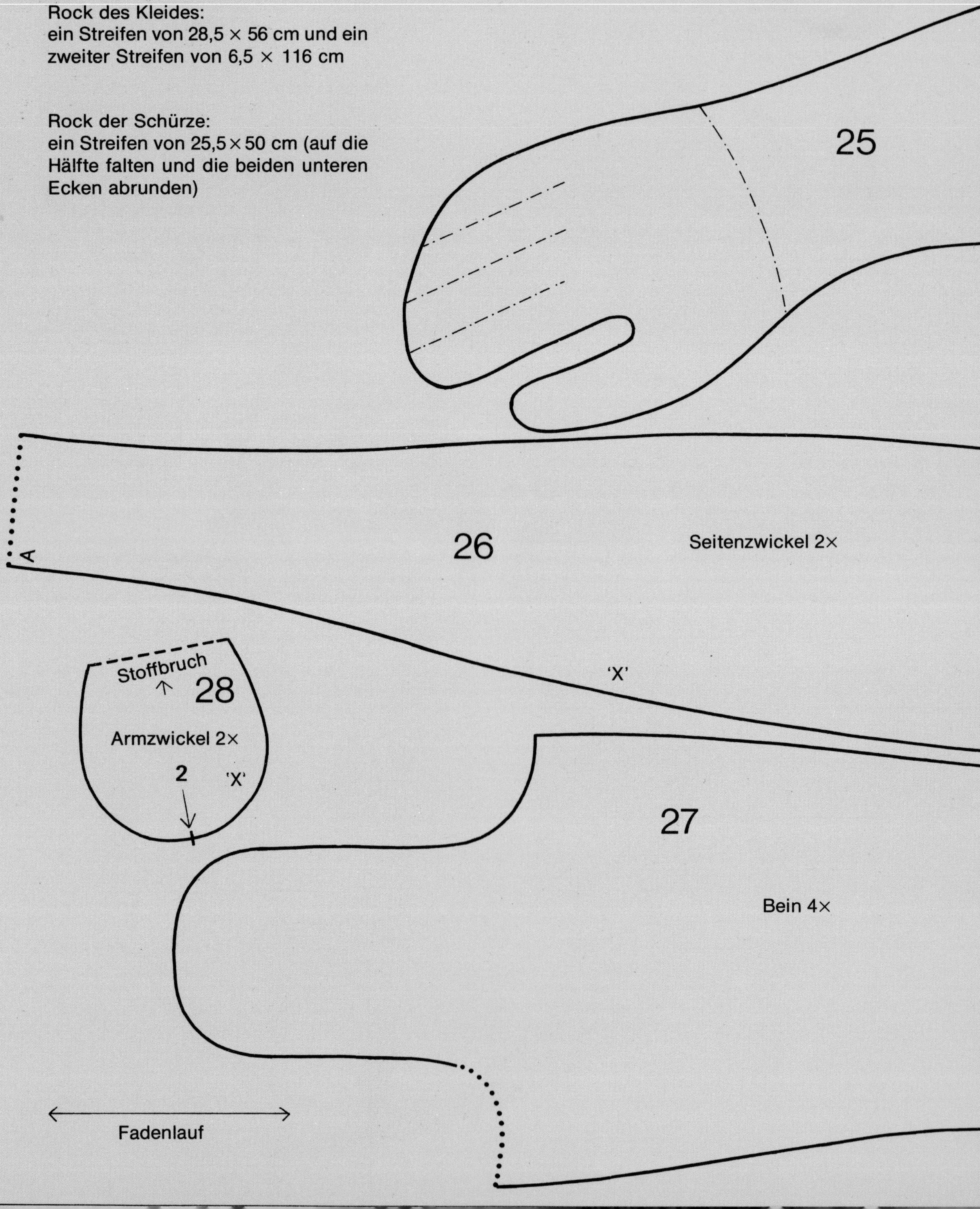

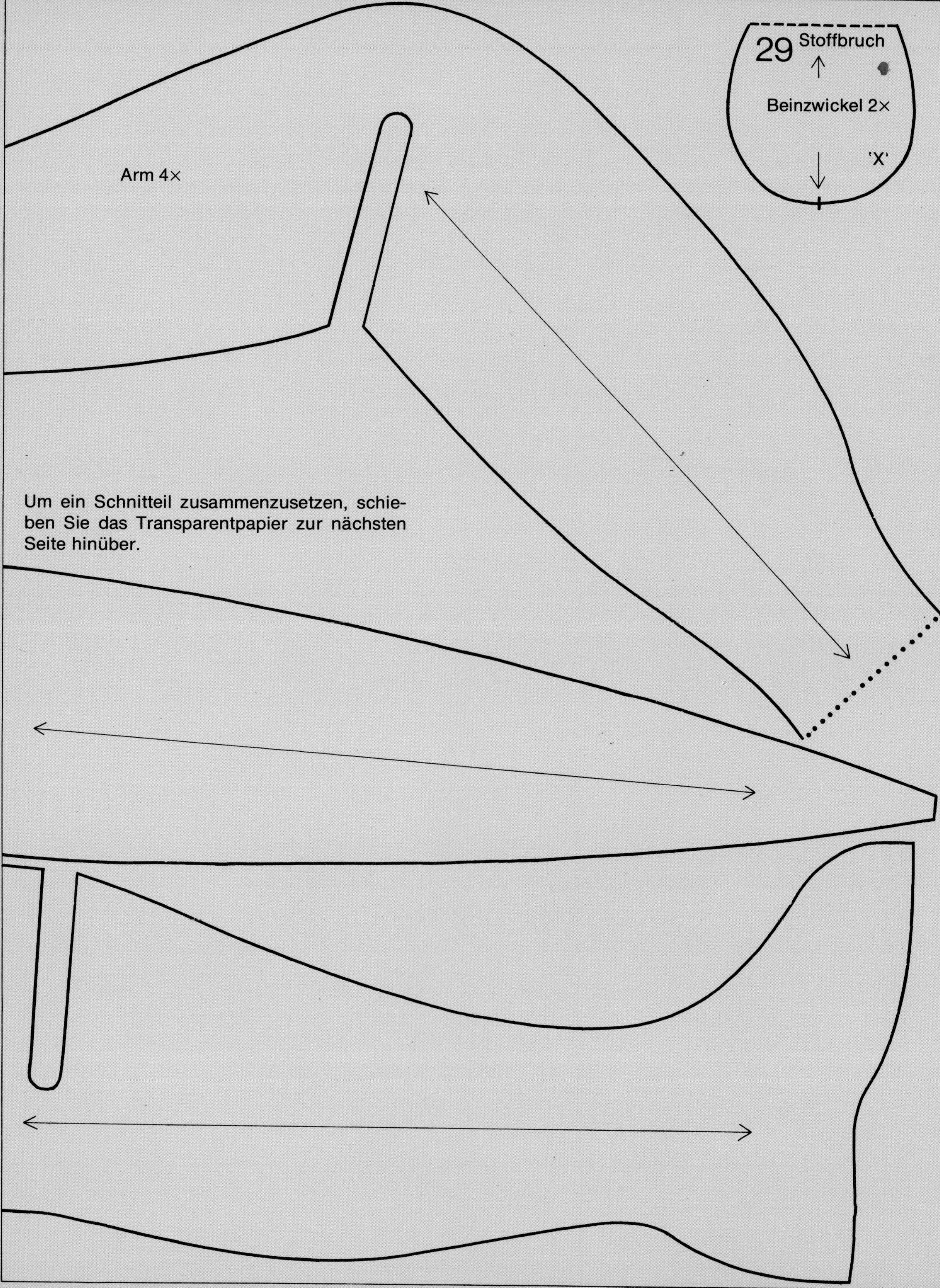

Um ein Schnitteil zusammenzusetzen, schieben Sie das Transparentpapier zur nächsten Seite hinüber.

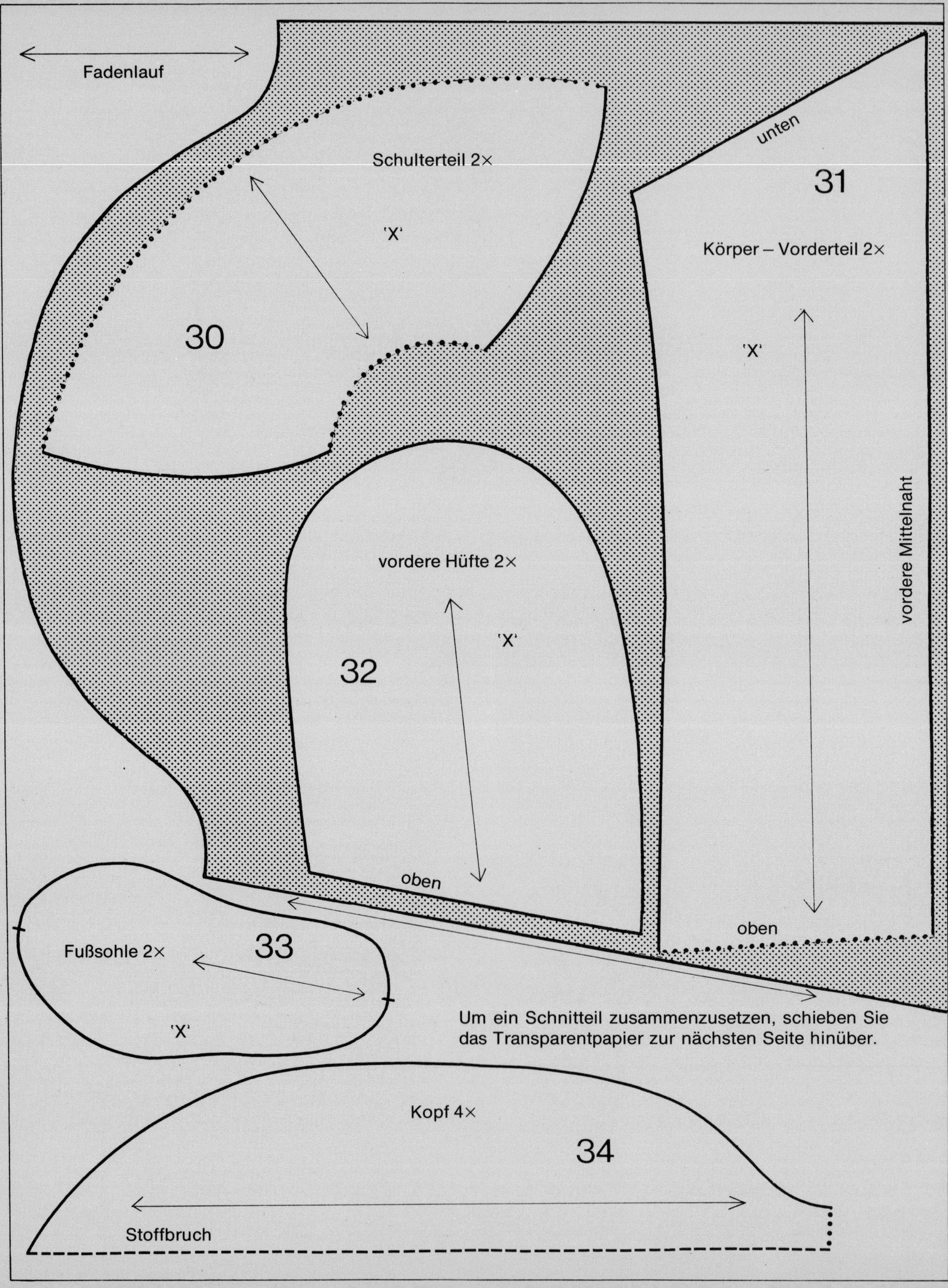
Fadenlauf
Schulterteil 2×
'X'
30
unten
31
Körper – Vorderteil 2×
'X'
vordere Mittelnaht
oben
vordere Hüfte 2×
'X'
32
oben
Fußsohle 2×
33
'X'
Um ein Schnitteil zusammenzusetzen, schieben Sie das Transparentpapier zur nächsten Seite hinüber.
Kopf 4×
34
Stoffbruch

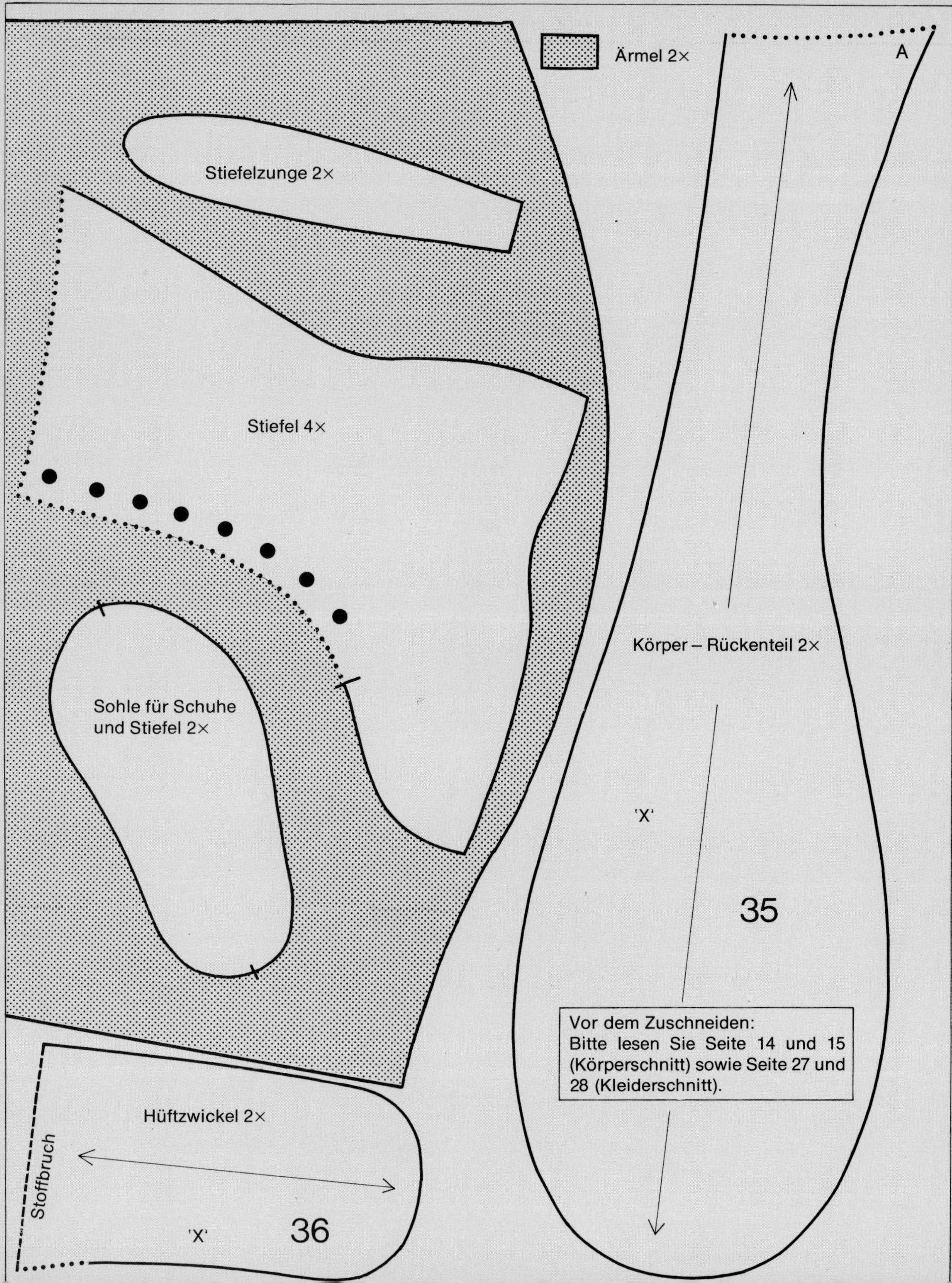

Vor dem Zuschneiden:
Bitte lesen Sie Seite 14 und 15 (Körperschnitt) sowie Seite 27 und 28 (Kleiderschnitt).

Vor dem Zuschneiden:
Bitte lesen Sie Seite 14 und 15 (Körperschnitt) sowie Seite 27 und 28 (Kleiderschnitt).

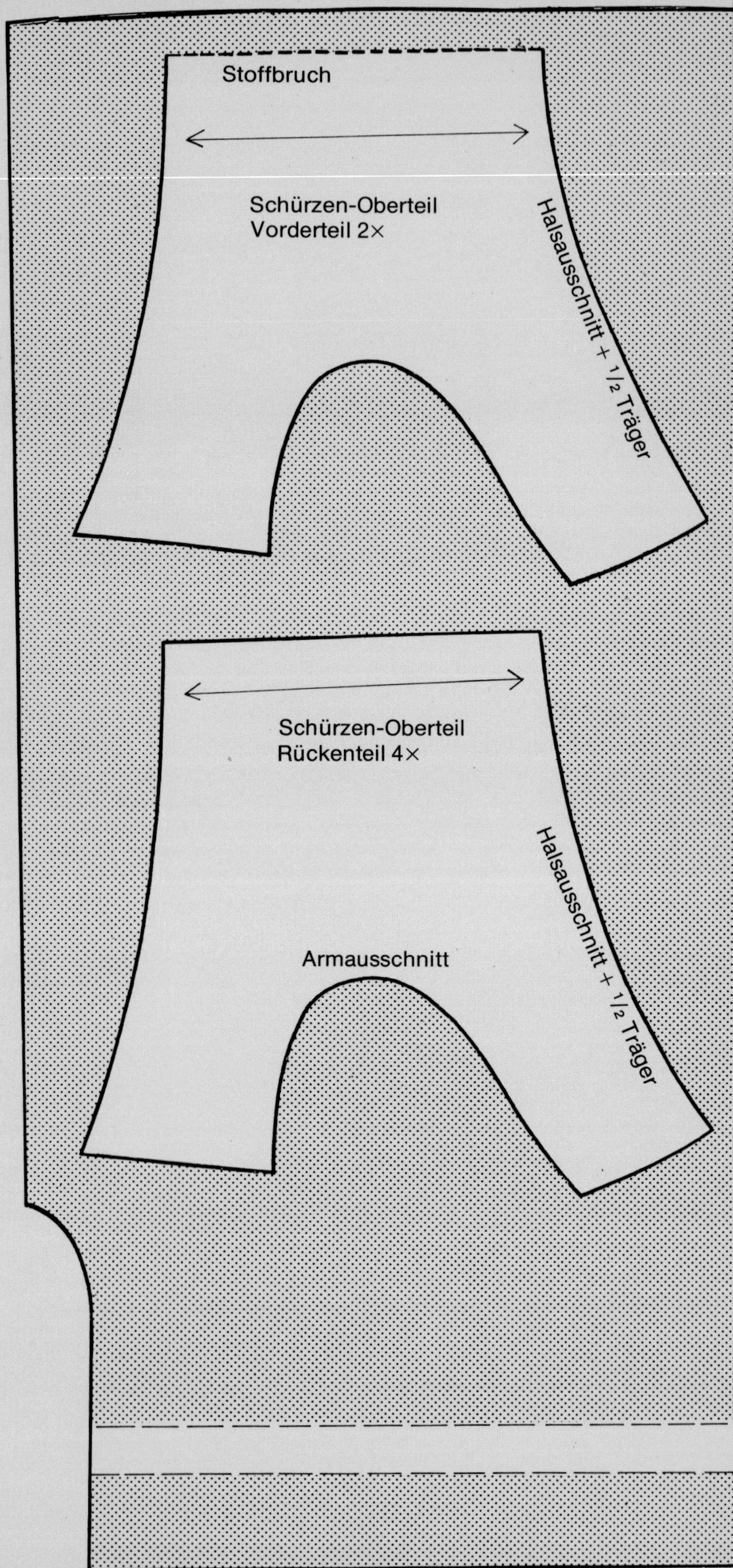

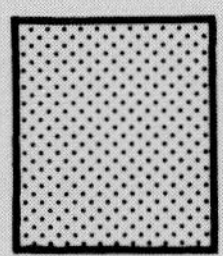

Pumphosen 2×

Fadenlauf

Um ein Schnitteil zusammenzusetzen, schieben Sie das Transparentpapier zur nächsten Seite hinüber.

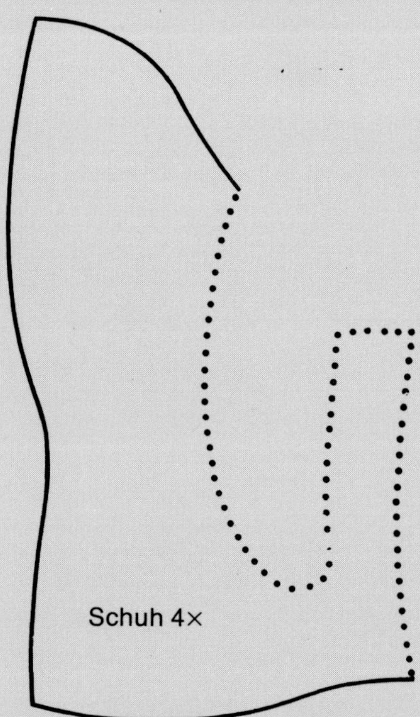

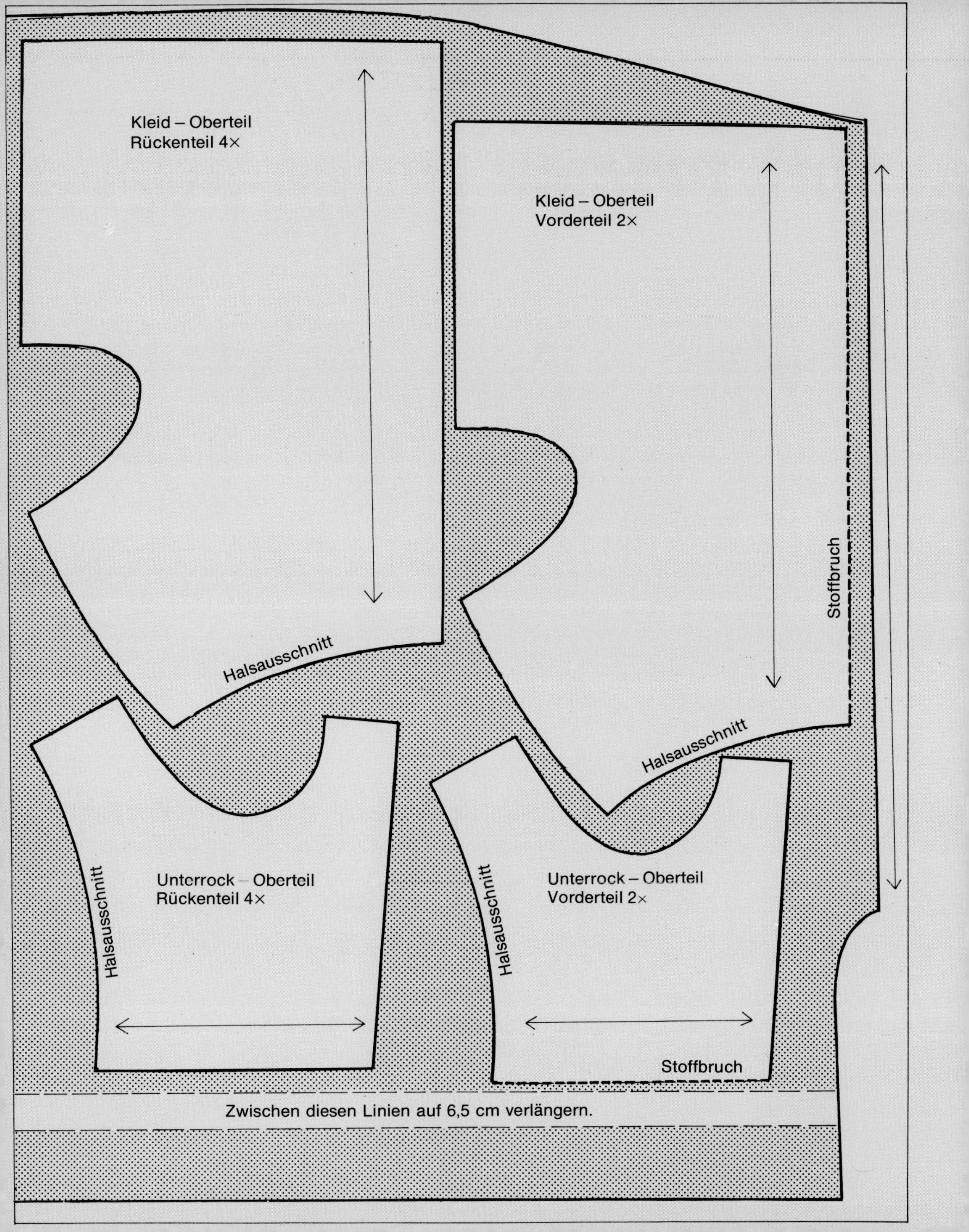
Kleid – Oberteil
Rückenteil 4×
Kleid – Oberteil
Vorderteil 2×
Stoffbruch
Halsausschnitt
Halsausschnitt
Unterrock – Oberteil
Rückenteil 4×
Halsausschnitt
Unterrock – Oberteil
Vorderteil 2×
Halsausschnitt
Stoffbruch
Zwischen diesen Linien auf 6,5 cm verlängern.

DIE PFLEGE IHRER PUPPE

Bei ordentlicher Behandlung wird Ihre Puppe sehr lange halten. Sie werden sie daher von Zeit zu Zeit säubern wollen.
Wenn die Puppe nicht allzu schmutzig ist, können Sie sie mit warmem Seifenwasser abwaschen und den Schmutz vorsichtig mit einer Nagelbürste abbürsten. Allerdings sollte die Puppe dabei nicht allzu naß werden. Anschließend wischen Sie den Seifenschaum mit einem feuchten Schwamm ab und lassen die Puppe im Warmen trocknen.
Am besten läßt man die Puppe nicht zu schmutzig werden, sondern wäscht sie schon vorher einmal vorsichtig ab. Wenn sie aber doch einmal richtig schmutzig geworden ist, weil sie beispielsweise in eine Pfütze fiel, muß sie gründlich abgewaschen werden. Dazu bürsten Sie die Puppe mit einer Nagelbürste und warmem Seifenwasser und tauchen sie zwischendurch immer wieder in klares Wasser, um den Schmutz abzuspülen. Tauchen Sie die Puppe nur ganz kurz ein, damit das Wasser nicht weit in die Puppe eindringt. Wenn Sie die Hinweise für das Ausstopfen beachtet haben, würde es eine ganze Weile dauern, bis die Puppe völlig durchnäßt ist.
Wenn die Puppe sauber ist, wird sie in ein dünnes, sauberes Tuch gewickelt und direkt in der heißen Sonne, auf einem Heizkörper oder vor einem Feuer getrocknet. Sie muß *schnell* und bei *direkter* Hitzeeinwirkung trocknen, damit die Schafwolle ihre ursprüngliche Beschaffenheit wiedergewinnt.